suhrkamp taschenbuch
wissenschaft 2089

Niklas Luhmann hat bekanntlich eine allgemein ansetzende Theorie der Macht entworfen, die zeigt, wie sehr Machtlagen von Gesellschaftsstrukturen und insbesondere von Differenzierungsformen abhängen und sich mit ihnen ändern. *Macht im System* entstand in den späten 1960er Jahren und zeugt von der Bedeutung des Themas im Frühwerk Luhmanns. Anders als in späteren Fassungen seiner Machttheorie argumentiert er hier eher systemtheoretisch als kommunikationstheoretisch. *Macht im System* ist somit auch ein aufschlußreiches Dokument der Systemtheorie im Werden.

Niklas Luhmann (1927-1998) war Professor für Soziologie an der Universität Bielefeld. Im Suhrkamp Verlag erschien zuletzt *Politische Soziologie* (2010 und stw 2068).

Niklas Luhmann
Macht im System

Herausgegeben
von André Kieserling

Suhrkamp

Bibliografische Information der Deutschen Nationalbibliothek
Die Deutsche Nationalbibliothek verzeichnet diese Publikation in der Deutschen Nationalbibliografie; detaillierte bibliografische Daten sind im Internet über http://dnb.d-nb.de abrufbar.

suhrkamp taschenbuch wissenschaft 2089
Erste Auflage 2013

Umschlag nach Entwürfen von
Willy Fleckhaus und Rolf Staudt
Druck: Druckhaus Nomos, Sinzheim
Printed in Germany
ISBN 978-3-518-29689-9

Inhalt

Einleitung

Systemtheoretische Überlegungen sind in fast allen empirischen Wissenschaften im Vordringen begriffen. In der biologischen Forschung sind die Erfolge der Systemtheorie unbestreitbar und haben Anlaß gegeben, eine »allgemeine Systemlehre« zu fordern.[1] Die Psychologie beginnt, grundlegende Einsichten der Psychoanalyse zu einer Theorie des umweltbezogenen Persönlichkeitssystems umzuformulieren.[2] In der Ethnologie ist eine funktionalistische Systemforschung beheimatet, die sich sehr rasch auch in der Soziologie ausgedehnt hat. Auch außerhalb der faszinierenden Begriffsbauten der Parsonschen Systemtheorie[3] finden

---

1 So Ludwig von Bertalanffy, Zu einer allgemeinen Systemlehre, Biologia Generalis 19 (1949), S. 114-129, und als Überblick über das inzwischen Erreichte ders., General System Theory. A Critical Review, General Systems 7 (1962), S. 1-20.

2 Vgl. dazu Merton Gill, The Present State of Psychoanalytic Theory, Journal of Abnormal and Social Psychology 58 (1959), S. 1-8; ferner etwa O. J. Harvey/David E. Hunt/Harold M. Schroder, Conceptual Systems and Personality Organization, New York (NY) 1961.

3 Siehe als Einführung Talcott Parsons, General Theory in Sociology, in: Robert K. Merton/Leonard Broom/Leonard S. Cottrell, Jr. (Hrsg.), Sociology Today, New York (NY) 1959, oder ders., An Outline of the Social System, in: Talcott Parsons/Edward Shils/Kaspar D. Naegele/Jesse R. Pitts (Hrsg.), Theories of Society, Glencoe (IL) 1961, Bd. I, S. 30-79.

sich in der heutigen Soziologie manche Ansätze zu einer Theorie des sozialen Systems.[4] In der Politischen Wissenschaft schließlich werden die alten Begriffe *government* oder Staat heute vielfach durch den Begriff des »politischen Systems« ersetzt, was nicht nur modische Anpassung, sondern eine grundlegende Revision der Sachkonzeption, zum Beispiel ihre Übertragung von der personalen auf die rollenmäßige Ebene, bedeutet.[5]

Dieser Eindruck lockert sich zwar bei näherem Hinsehen, da unter »System« sehr Verschiedenes verstanden wird. Gleichwohl handelt es sich bei »der Systemtheorie« nicht um ein durch ein Wort nur lose zusammengehaltenes Konglomerat von Begriffen, Hypothesen und Forschungsansätzen. Bestimmte durchgehende Konzeptionen zeichnen sich ab. Die rein interne Betrachtungsweise des Systems als eines Ganzen, das aus Teilen bestehe, wird mehr und mehr ersetzt durch eine umweltbezogene Betrachtungsweise. Dabei wird die Umwelt im Verhältnis zum System als übermäßig komplex begriffen. Die Umwelt zeichnet mehr

---

4 Vgl. z. B. Charles P. Loomis, Social Systems. Essays on their Persistance and Change, Princeton (NJ) 1960; Harry M. Johnson, Sociology, New York (NY) 1960.

5 Siehe als einen an der politischen Soziologie orientierten Überblick Herbert Victor Wiseman, Political Systems. Some Sociological Approaches, London 1966, und ferner die darin noch nicht berücksichtigten neueren Veröffentlichungen von David Easton, A Framework for Political Analysis, Englewood Cliffs (NJ) 1965, und ders., A Systems Analysis of Political Life, New York-London-Sydney 1965.

Möglichkeiten vor, als im System aktualisiert werden können. Ein System kann sich daher nur durch Selektionsleistungen konstituieren, nämlich durch Reduktion der Möglichkeiten der Umwelt auf ein geringeres Maß an Komplexität und damit auf eine höhere Ordnung, in der menschliches Erleben und Handeln sich sinnvoll orientieren kann. Soziale Systeme sind, funktional definiert, Sinnbeziehungen zwischen menschlichen Handlungen, die Reduktion von Komplexität leisten.

Ob dieser Entwicklung einer Systemtheorie mit sehr weitreichendem, im Prinzip universellem Geltungsanspruch bedenkenlos zugejubelt werden kann und ob sie allein auf Grund ihrer eigenen Leistungen beurteilt werden sollte, ist immerhin eine Frage wert. Es könnte ja sein, daß wichtige alte Themen dadurch verlorengehen oder doch in dem neugeschaffenen begrifflichen Bezugsrahmen nicht adäquat ersetzt werden können. Dies Bedenken stellt sich einmal und vor allem im Hinblick auf den Verlust des Kontaktes mit der alteuropäischen praktischen Philosophie, besonders mit ihrer ethischen Handlungskonzeption und ihrer politisch-naturrechtlichen Gesellschaftslehre. Deren Wiederherstellung, die zum Beispiel Hennis[6] anregt, liegt weder in der Absicht noch in den Möglichkeiten der Systemtheorie. Gerade aus der Distanz aber sollte sie in der Lage sein, ein problemorientiertes

6 Wilhelm Hennis, Politik und praktische Philosophie. Eine Studie zur Rekonstruktion der politischen Wissenschaft, Neuwied-Berlin 1963.

Gespräch mit den Denkern der Tradition zu führen. Wie weit eine solche Auseinandersetzung möglich und schon vorbereitet ist, kann hier nicht angemessen erörtert werden. Wir fassen ein damit verwandtes, aber engeres Thema ins Auge.

Systemtheoretischen Analysen wird nicht selten und, wie es scheint, mit gewissem Recht vorgeworfen, das Phänomen der Macht zu übergehen, wenn nicht zu verkennen.[7] Und in der Tat hatte zum Beispiel die sozialpsychologische Organisationsforschung der sogenannten *human relations*-Bewegung, die kleine Gruppen als soziale Systeme zu erforschen suchte, in ihrer Behandlung von Machtunterschieden ausgesprochene Schwächen,[8] ja, es fehlte zunächst eine Beschäftigung mit diesem Thema überhaupt.[9] Ferner hinterlassen amerikanische Forschungen über Kommunikationssysteme nicht selten den Eindruck, daß viel offenes und freundliches Miteinanderreden Machtanwendung

---

7 So z. B. Robert Boguslaw, The New Utopians. A Study of System Design and Social Change, Englewood Cliffs (NJ) 1965; siehe ferner etwa Renate Mayntz, Theorie der Organisation. Bemerkungen zu einem Buch von Niklas Luhmann, Der Staat 4 (1965), S. 215-221. Helmut Schelsky hat dem Verfasser gegenüber ähnliche Bedenken mündlich geäußert. Die vorliegende Studie sucht diesen Einwendungen zu begegnen.

8 Siehe z. B. die Kritik von George Strauss, Some Notes on Power Equalization, in: Harold J. Leavitt (Hrsg.), The Social Science of Organizations. Four Perspectives, Englewood Cliffs (NJ) 1963, S. 39-84, oder von Michel Crozier, Le phénomène bureaucratique, Paris 1963, S. 142, S. 195 ff.

9 Siehe dann aber, die Lücke erkennend, Dorwin Cartwright (Hrsg.), Studies in Social Power, Ann Arbor (MI) 1959.

erübrigen könne. Selbst manche Theorien des politischen Systems, die das Machtproblem auf einen Verteilungsprozeß zurückführen,[10] weichen dem alten Problem der Macht aus und ersetzen es durch eine Funktionsangabe. In der kybernetischen Systemtheorie wird man ebenfalls eine Berücksichtigung des Machtphänomens in der gewohnten Weise vermissen – wenn etwa Karl Deutsch Willen als Bevorzugung von Informationen aus dem eigenen Gedächtnis vor solchen aus der Umwelt definiert und Macht als die Fähigkeit, diese Einstellung durchzuhalten, beides also als »aspects of the pathology of social learning« begreift.[11] Ein neuerer Überblick über die wichtigsten, am häufigsten benutzten Begriffe der Systemtheorie nennt den Machtbegriff nicht.[12] Diese auffallende und anscheinend durchgehende »Machtblindheit« der Systemtheorie könnte verschiedene Gründe haben: Es könnte sich um die vorübergehende Unausgeglichenheit einer im ganzen

10 So z. B. Easton, A Framework for Political Analysis, a. a. O. (Anm. 5), S. 50; Leonard Binder, Iran. Political Development in a Changing Society, Berkeley-Los Angeles 1962, S. 16 ff.; Marion J. Levy, Jr., Modernization and the Structure of Societies. A Setting for International Affairs, Princeton (NJ) 1966, Bd. I, S. 290 ff., Bd. II, S. 346 ff.

11 Siehe Karl W. Deutsch, The Nerves of Government. Models of Political Communication and Control, New York-London 1963, S. 105 ff., S. 247 f.

12 Oran R. Young, A Survey of General Systems Theory, General Systems 9 (1964), S. 61-80, und speziell für die politische Wissenschaft: ders., The Impact of General Systems Theory on Political Science, General Systems 9 (1964), S. 239-253.

noch nicht ausgearbeiteten Theorie von hoher Abstraktionslage handeln oder um ein ideologisches Vorurteil quietistisch-konservativer Prägung; es könnte aber auch eine der Systemtheorie inhärente Blickbegrenzung vorliegen mit der Gefahr, daß eine wichtige traditionelle Thematik verlorengeht, wenn die Systemtheorie ihren Herrschaftsanspruch durchsetzen sollte; oder schließlich könnte es auch sein, daß die traditionelle Bearbeitung des Machtthemas an einer unzulänglichen Begrifflichkeit gescheitert war und deshalb von der Systemtheorie nur unter Abbruch der begrifflichen Kontinuität und in ganz neuer Weise aufgenommen und weiterbearbeitet werden kann.

I. Klassische Prämissen der Machttheorie

Um genauer zu sehen, um was es geht, wollen wir versuchen, einige Prämissen dessen zusammenzustellen, was man klassische Machttheorie nennen könnte. Eine genaue, logische Analyse der Aussagen bekannter Machttheoretiker würde allerdings zu weit führen und im übrigen sehr bald in Unsicherheit enden. Auch wird man sich nicht darauf verlassen können, daß die Prämissen der verschiedenen Machtbegriffe stets mitbegriffen worden sind. Wir stellen statt dessen als Diskussionsmaterial einige typische Definitionen des Machtbegriffs zusammen, um dann im groben zu sehen, von welchen Voraussetzungen sie ausgehen.

> »The Power of Man [...] is his present means, to obtain some future apparent Good.«[13]
>
> »Macht bedeutet jede Chance, innerhalb einer sozialen Beziehung den eigenen Willen auch gegen Widerstreben durchzusetzen, gleichviel worauf diese Chance beruht.«[14]
>
> »Power is present whenever and wherever social

---

13 Thomas Hobbes, Leviathan, Ch. X. (zit. nach der Ausgabe der Everyman's Library, London-New York 1953, S. 43).

14 Max Weber, Wirtschaft und Gesellschaft, 5. Aufl. Tübingen 1956, S. 28.

pressures operate on the individual to induce desired conduct.«[15]

»A has Power over B to the extent that he can get B to do something that B would not otherwise do.«[16]

»The Power of actor A over actor B is the amount of resistance on the part of B which can be potentially overcome by A.«[17]

»Power is the ability to influence because undesirable consequences would follow for the influenced person if he does not yield.«[18]

»A person may be said to have power to the extent that he influences the behavior of others in accordance with his own intentions.«[19]

Die gemeinsamen, ausgesprochenen oder unausgesprochenen Prämissen dieser Definitionen, deren Liste beliebig verlängert werden könnte, sehen wir (1) in der Annahme einer *Kausalbeziehung*, die (2) im Posi-

---

15 Karl Mannheim, Freedom, Power, and Democratic Planning, New York (NY) 1950, S. 46.

16 Robert A. Dahl, The Concept of Power, Behavioral Science 2 (1957), S. 201-215, nennt dies vorsichtig seine »intuitive Idee von Macht«.

17 Richard M. Emerson, Power-Dependence Relations, American Sociological Review 27 (1962), S. 31-41 (hier S. 32).

18 Georg Karlsson, Some Aspects of Power in Small Groups, in: Joan H. Criswell/Herbert Solomon/Patrick Suppes (Hrsg.), Mathematical Methods in Small Group Processes, Stanford (CA) 1962, S. 193-202 (hier S. 193).

19 Herbert Goldhamer/Edward A. Shils, Types of Power and Status, American Journal of Sociology 45 (1939), S. 171-182 (hier S. 171).

tiven wie im Negativen feststehe und voraussehbar sei, (3) in der Voraussetzung *bestimmter Bedürfnisse*, (4) in der Orientierung am *Konfliktsfall*, (5) in der Auffassung der Macht als eines *besitzbaren Gutes* und (6) in der durchweg verschwiegenen Voraussetzung eines *geschlossenen Systems*, in dem (a) die *Machtsumme konstant* bleibt und (b) Machtbeziehungen *transitiv*, also hierarchisch geordnet sind. Diese Annahmen bedingen und stützen sich wechselseitig. Ihr Zusammenhang begründet die Einheit und Geschlossenheit der klassischen Machttheorie. Wohl keine dieser Prämissen ist unkritisiert geblieben. Eine jede hat ihre Einschränkungen, Ausflüchte, Rückzugspositionen gefunden. Man mochte sogar die eine oder die andere opfern in dem Glauben, daß die übrigen standhielten. Wenn man aber sehen lernt, in welchem Maße diese Einzelpositionen der klassischen Machttheorie einander bedingen, verschärft das zugleich die Kritik: Jeder Einwand trifft dann das Ganze. Der klassischen Machttheorie muß auf diese Weise zunächst zu einem hinreichenden Selbstbewußtsein verholfen werden; dann erst kann die Systemtheorie sich mit ihr auseinandersetzen.

1. Allen Machttheorien liegt eine Kausalannahme zugrunde.[20] Kausalität wird dabei im neuzeitlichen

---

20 So mit aller Deutlichkeit Herbert A. Simon, Models of Man: Social and Rational, Mathematical Essays on Rational Human Behavior in a Social Setting. New York-London 1957, S. 5: »… for the assertion, ›A has power over B‹, we can substitute the assertion, ›A's behavior causes B's behavior‹.« Und dann in

Sinne verstanden als eine Beziehung von Ursachen und Wirkungen, durch die die Ursachen die Wirkungen bewirken. Macht wird dann als eine dieser Ursachen angenommen, und zwar als die, welche den Ausschlag gibt, welche das Geschehen beherrscht. Macht über fremdes Verhalten ist dann gegeben, wenn das Verhalten bei Wegfallen dieser seiner Ursache anders abliefe.[21]

Mit diesen einfachen Überlegungen ist bereits der Kern der Schwierigkeiten erreicht, und alle weiteren Annahmen der klassischen Machttheorie dienen dazu, die Folgeprobleme dieser Auffassung der Macht als Ursache zu lösen oder doch abzuschwächen. Die Kausalbeziehung verknüpft nämlich eine unendliche Zahl von Ursachen mit einer unendlichen Zahl von Wirkungen. Dabei ist alles, was überhaupt Ursache ist, notwendige Ursache und könnte nicht entfallen, ohne daß die Wirkungen anders ausfielen. Allenfalls diejenigen spezifischen Ursachen, für die funktional äquivalente Alternativen entdeckt werden können, sind ersetzbar. Unter diesen Umständen wird man kaum behaupten wollen, daß Macht die einzige unersetzbare (und deshalb wesentliche) Ursache eines Verhaltens sei. Wenn aus der

---

vollem Bewußtsein der damit verbundenen Schwierigkeiten: »If we can define the causal relation we can define influence, power, or authority, and vice versa.«

21 Vgl. z.B. James G. March, Introduction to the Theory and Measurement of Influence, American Political Science Review 69 (1955), S. 431-445; Dahl, The Concept of Power, a.a.O. (Anm. 16).

Gesamtheit der Ursachen eine einzelne als »Macht« ausgewählt und ihr besondere Bedeutung beigemessen wird, müssen demnach Selektionsgesichtspunkte vorausgesetzt werden, über die die Machttheorie Rechenschaft ablegen sollte.

Wir wissen, daß diese Selektion, das Zuschreiben der Ursächlichkeit an bestimmte Ursachen, ein sinn- und strukturbildender sozialer Prozeß ist, und zwar schon im Bereich der Natur, vor allem aber im Bereich des menschlichen Handelns.[22] Macht wird dort gesehen, wo sie erwartet werden kann. Aber auch über diesen Sonderfall hinaus ist die Ordnung des menschlichen Erlebens durch die Kausalkategorie nur in einer sozial und kulturell stabilisierten, auf vereinfachte, konsensfähige Formen reduzierten Welt möglich, deren Konstitution nur durch Einfluß von Menschen auf Menschen, durch Kommunikation, zustande kommt. In den Begriffen der Machttheorie ist Macht als soziale Wirklichkeit schon vorausgesetzt. Die Auffassung der Macht als *Ursache* kann nie an den *Ursprung* der Macht gelangen.

2. Die Kausaltheorie der Macht nimmt an, daß Macht wirkt, daß es also im Verhalten des Übermächtigten einen Unterschied ausmacht, ob Macht ausgeübt wird oder nicht. Fehlte der Machteinsatz, liefe das Handeln anders ab, als der Machthaber es wünscht.

---

22 Siehe statt anderer Fritz Heider, Social Perception and Phenomenal Causality, Psychological Review 51 (1944), S. 358-374.

Damit wird es zu einer Voraussetzung für das Machtkalkül, daß der Machthaber weiß, wie sein Gegner handeln bzw. nicht handeln würde, wenn er unbeeinflußt bliebe, daß dessen Handeln bzw. Nichthandeln also schon feststeht, schon entschieden ist. Machtausübung betrifft nach dieser Konzeption immer nur die Änderung eines an sich feststehenden Verlaufs. Das läuft auf die Prämisse einer *objektiv feststehenden Zukunft* (also auf einen objektivistischen Zeitbegriff) und auf die Annahme *vollständiger Informierbarkeit* hinaus – beides Unterstellungen, die besonders auch für die klassischen Wirtschaftswissenschaften typisch sind.

In realen Situationen steht das Handeln anderer Menschen keineswegs immer im voraus fest, und selbst wenn es schon entschieden ist, weiß der Machthaber sehr oft nicht mit hinreichender Sicherheit, wie sein Gegenüber unbeeinflußt handeln würde.[23] Das gilt besonders dann, wenn es sich, wie die klassische Machttheorie annimmt, um einen Gegner handelt, der natürliche Gründe hat, seine wahren Absichten zu verschleiern. Es gibt faktisch in weitem Umfange auch Einfluß auf Unentschiedene, der nicht von einem schon feststehenden Kurs wegzerren soll, sondern nur vorsorglich geübt wird. Diese Unentschiedenheitslage bedeutet aber, daß weder in der Machteinsatzplanung noch

---

23 Dieser Einwand gegen die klassische Annahme vollständiger Informierbarkeit ist heute verbreitet. Siehe z. B. Bernhard Külp, Theorie der Drohung, Köln 1965, S. 30ff.

in der nachträglichen Würdigung festgestellt werden kann, ob die Machtausübung eine Wirkung hatte oder nicht. Will man diesen Tatbestand in der Machttheorie berücksichtigen, führt das zu Schwierigkeiten in der Kausalkonzeption.[24] Man muß dann auch in den Fällen von Macht sprechen, in denen ihr Einsatz nur etwas zur Folge hat, was ohnehin geschehen würde, also ohne spezifisch zurechenbare Wirkung bleibt.

Damit verwandt ist ein anderes Argument, das zum Beispiel gegen die der klassischen Auffassung verpflichtete Machttheorie Robert Dahls[25] vorgetragen worden ist.[26] Macht schütze bestehende Zustände nicht dadurch, daß sie sie bewirke, sondern dadurch, daß sie unbestimmt bleibende Eventualitäten abweichenden Verhaltens ausschließe und dadurch eine Stabilisierung des Status quo durch andere Ursachen

---

24 So z.B. bei David Singer, Inter-Nation Influence. A Formal Model, American Political Science Review 57 (1963), S. 420-430. Singer sucht sich dadurch zu helfen, daß er auch das »reinforcement« einer bestehenden Handlungsabsicht als Machtausübung gelten läßt. Aber »reinforcement« ist ein für die Kausaltheorie ambivalenter Begriff und setzt im übrigen seinerseits schon feststehende Absichten voraus.

25 Siehe Dahl, The Concept of Power, a.a.O. (Anm. 16), und ders., Who Governs?, New Haven (CT) 1961.

26 Vor allem von Peter Bachrach/Morton S. Baratz, Two Faces of Power, American Political Science Review 56 (1962), S. 947-952, und dies., Decisions and Nondecisions. An Analytical Framework, American Political Science Review 57 (1963), S. 632-642. Vgl. ferner Thomas J. Anton, Power, Pluralism, and Local Politics, Administrative Science Quarterly 7 (1963), S. 425-457 (hier S. 453 f.).

(zum Beispiel Einverseelung von Normen) ermögliche. Auch dieser Gedanke läßt sich in der klassischen Machttheorie nicht unterbringen, die zwar ein Unterlassen bestimmter, an sich beabsichtigter Handlungen als Wirkung der Macht erklären könnte, nicht aber die Reduktion der unbestimmt bleibenden Fülle aller abweichenden Handlungsmöglichkeiten auf eine bestimmte Ordnung.

3. Die klassische Machttheorie hatte weder die Unendlichkeitsproblematik der Kausalität noch die Unbestimmtheitsproblematik der Zeit und der Negativität aufgerollt und deshalb auch das Selektionsproblem nicht gesehen[27] oder, anders formuliert: Sie hatte Selektion nur in engen Grenzen als rational lösbares Problem gesehen und im übrigen der »Natur« der Welt und des Menschen überlassen. Sie ging, dem alteuropäischen Menschenbild entsprechend, davon aus, daß eine natura humana gegeben sei mit bestimmten, im wesentlichen festliegenden *Bedürfnissen*, die der Mensch durch zweckgerichtetes Handeln zu befriedigen suche. Diese Bedürfnisse waren hierarchisch strukturiert gedacht,

27 Immerhin hatte bereits Descartes gegen die Scholastik argumentiert, daß es keine natürlichen Grenzen der Kausalprozesse gebe und der Gedanke ihrer Unendlichkeit nicht unmöglich sei, sondern nur den Menschen auf seine eigene Endlichkeit (und das heißt letztlich: auf Selektionsverfahren) verweise; so in den premières réponses (Œuvres et Lettres, Bibliothèque de la Pléiade, Paris 1952, S. 347 f.). Die allgemeine Diskussion des Kausalprinzips versucht, mit diesem Gedanken fertig zu werden. In der Machttheorie werden keine Konsequenzen gezogen.

und entsprechend strukturiert war das Handeln – an der Spitze das Bedürfnis der Verwirklichung jener Fähigkeit, die den Menschen vom Tier unterscheidet und erst eigentlich zum Menschen macht: der Vernunft. Macht war erforderlich zur Befriedigung solcher Bedürfnisse durch ein Handeln, das als teleologische Wesensverwirklichung, später kausalmechanisch als Bewirken geschätzter Wirkungen ausgelegt wurde. Vom Handeln her konzipiert, stand die Machttheorie schon begrifflich immer unter der Kontrolle der Ethik und konnte allenfalls versuchen, sich von der gemeinmenschlichen Ethik freizumachen durch das Postulat einer besonderen Moral der Macht ratione status. Die Form der Ethik als Handlungskontrolle war damit nicht gesprengt. Sie saß und sitzt unabwerfbar fest, solange man der Machttheorie die Perspektive des Bedürfnisse befriedigenden Handelns zugrunde legt. Nur deshalb konnte auch die Legitimation einer spezifischen Moral der Macht als Problem diskutiert werden.

Die soziale Struktur und ihr Recht wurden dementsprechend im Wesen des Menschen als animal rationale verankert und auf sein Handeln bezogen. Somit gab es zwei Hauptprobleme, auf die der Mensch als soziales Wesen bei der Befriedigung seiner Bedürfnisse stoßen konnte: Bedrohung durch andere und Angewiesenheit auf andere. Metus und indigentia waren die Problemformeln, pax und iustitia die Zweckformeln der civitas sive societas civilis. Zur Lösung beider Probleme schien politische Macht erforderlich zu sein. Durch diesen ihren Zweck wurde sie begründet, je nach der

Zeitlage und der Tendenz des Denkens mehr mit Betonung auf Frieden und Bestandserhaltung oder mehr mit Betonung auf Gerechtigkeit und Güterverteilung. Noch heute scheint die Machttheorie durchweg von festliegenden Präferenzen, von der Konstanz der Bedürfnisse auszugehen, deren Variabilität sie zwar nicht prinzipiell leugnet, aber nicht mitthematisiert.[28] Und dies, obwohl das Problem der sozialen Komplexität inzwischen radikalisiert und so vertieft worden ist, daß es sich weder in der Handelnsperspektive noch in den beiden Problemformeln der alteuropäischen Tradition mehr einfangen läßt.

Der Mensch ist nicht nur in der Befriedigung, sondern schon im Entwurf seiner Bedürfnisse ein soziales Wesen. Konstitution von Sinn, ja von Welt überhaupt, ist eine intersubjektiv-geschichtliche Leistung,[29] und erst recht gilt dies für die Schematisierung der Welt durch kausale Begrifflichkeit. Aller Sinn könnte anders sein. Es gibt keinen natürlichen Stopp des Weiterfra-

---

28 Das zeigt sich z. B. in der Beziehung der Macht auf die Funktion des »goal attainment« bei Talcott Parsons, On the Concept of Political Power, Proceedings of the American Philosophical Society 107 (1963), S. 232-262.

29 Siehe namentlich Edmund Husserl, Die Krisis der europäischen Wissenschaften und die transzendentale Phänomenologie, Husserliana Bd. VI, Den Haag 1954, und dazu Hans Blumenberg, Lebenswelt und Technisierung unter den Aspekten der Phänomenologie, Turin 1963, der die bei Husserl implizierte »soziale Kontingenz« der Welt besonders herausstellt. Siehe im übrigen auch Michael Theunissen, Der Andere. Studien zur Sozialontologie der Gegenwart, Berlin 1965.

gens nach anderen Möglichkeiten, anderen Ursachen, anderen Wirkungen, sondern nur Abhängigkeit dieses Fragens von Geschichte und Struktur vorauszusetzender Sinnbildungsleistungen. Die volle Aufdeckung dieser sozialen Komplexität durch die Sozialontologie, die Soziologie, die Sozialpsychologie des 20. Jahrhunderts entzieht der klassischen Machttheorie die vorausgesetzte Bedürfnisstruktur, macht das Kausalfeld damit unübersehbar komplex und zwingt die Machttheorie, wenn sie weiterhin auf empirisch verifizierbare Aussagen über Kausalbeziehungen zwischen bestimmten Machtquanten und bestimmten Wirkungen hinarbeiten will, sich durch umfangreiche ceteris paribus-Annahmen abzusichern und sich damit in künstlich vereinfachte Situationen, letztlich ins Laboratorium, zurückzuziehen.[30]

4. Indem die klassische Machttheorie von bestimmten, feststellbaren Bedürfnissen ausging, hatte sie zugleich eine Konzeption zur Hand, die erklärte, daß und warum es zu *Konflikten* kommen müsse. In einer Welt knapper Befriedigungsmöglichkeiten widersprechen Bedürfnisse einander, und es kann daher unter Menschen zum Kampf um knappe Güter, letztlich zur Anwendung physischer Gewalt gegeneinander kommen. Das Faktum ist unbestreitbar. Die Frage ist,

30 Zu diesem Ergebnis kommt auf ganz anderem Wege, nämlich durch sorgfältige methodische Selbstüberprüfung der Machttheorie, auch James G. March, The Power of Power, in: David Easton (Hrsg.), Varieties of Political Theory, Englewood Cliffs (NJ) 1966, S. 39-70.

wie es in die Theorie eingeht und welche Funktion es dort erfüllt.[31]

Wie die Bedürfnisorientierung, so dient auch die Konfliktsorientierung dazu, die Komplexität eines sozialen Feldes kausaler Möglichkeiten zu vereinfachen, so daß der Mensch trotz seiner begrenzten Fähigkeit zur Informationsverarbeitung rational handeln kann. Zwar hat im Grunde jeder Mensch Macht über andere. Aber die physische Austragung eines Konfliktes polarisiert die Situation[32] und läßt nur die eine Seite als Sieger übrig. Dieses Ergebnis kann gedanklich vorweggenommen werden, so daß die Entscheidungsfunktion des Kampfes sich vom Handeln ablösen und auch dann benutzen läßt, wenn die Anwendung physischer Gewalt unterbleibt. Die Antizipation des Ausgangs erspart den Kampf – aber nicht die Orientierung am möglichen Kampf. So wird in der klassischen Theorie Macht sehr oft als Potenz, Chance, Fähigkeit usw., kurz als eine Möglichkeit definiert, die als solche schon wirkt.[33]

---

31 Einen kurzen Überblick über Beziehungen zwischen Macht und Konflikt gibt Kahn in seiner Einführung zu Robert L. Kahn/Elise Boulding (Hrsg.), Power and Conflict in Organizations, London 1964.

32 An einem physischen Kampf können sich zwar mehr als zwei Personen beteiligen, praktisch aber nur in der Form, daß sich eine Front bildet, die zwei Parteien trennt. Die Vereinfachung durch eine binäre Struktur scheint unentbehrlich zu sein. Bei einem Kampf aller gegen alle wären die Orientierungsschwierigkeiten zu groß.

33 Zumeist verlassen sich die Autoren darauf, daß die Kategorie der »Möglichkeit« klar und verständlich sei. Das ist jedoch

Es liegt demnach nahe, das Wesen der Macht vom Konfliktsfall und diesen vom Kampfausgang her zu bestimmen. In einer solchen Theorie könnte die Macht dessen, der im Kampf verlieren würde, unberücksichtigt bleiben. Er hat im Grunde keine Macht. Alle Macht findet sich stets auf der einen Seite, die im Konfliktsfall die andere übermächtigen könnte.[34] Wer etwas mächtiger ist, hat alle Macht. Dieses Kalkül ließe sich perfektionieren, wenn Macht sich exakt messen ließe. Dann ließe sich das Ausmaß der Übermacht kalkulieren.[35] Wer daran glaubt, muß Kämpfe für unnötig hal-

---

keineswegs der Fall, wenn nicht zugleich die Bedingungen definiert werden, die etwas Nichtwirkliches als möglich erscheinen lassen. Als eine im Formalen steckenbleibende Ausarbeitung dieses Möglichkeitsaspekts der Macht siehe Fritz Sander, Allgemeine Gesellschaftslehre, Jena 1930, S. 307 ff. Vgl. ferner Robert Bierstedt, An Analysis of Social Power, American Sociological Review 15 (1950), S. 730-738; E. Abramson/H. A. Cutler/R. W. Kautz/M. Mendelson, Social Power and Commitment. A Theoretical Statement, American Sociological Review 23 (1958), S. 15-22.

34 Als Beispiele für die Verwendung dieser Prämisse siehe Bierstedt, Analysis of Social Power, a. a. O. (Anm. 33), hier S. 733; John R. P. French, Jr./Bertram Raven, The Bases of Social Power, in: Cartwright, Studies in Social Power, a. a. O. (Anm. 9), S. 150-167 (hier S. 152 f.). In der Spieltheorie nennt man Situationen, die diese Voraussetzung erfüllen, bezeichnenderweise einfach Spiele. Siehe z. B. Lloyd S. Shapley, Simple Games. An Outline of the Descriptive Theory, Behavioral Science 7 (1962), S. 59-66. Shapley betont, daß diese Variante der Spieltheorie besonders auf Machtsituationen zutreffe.

35 So bestimmt etwa Kurt Lewin, Field Theory in Social Science, New York (NY) 1951, S. 336, die Macht von B über A »as the

ten. Aber auch wenn man nicht so weit geht und einräumt, daß bei Zweifeln über Machtsummenverhältnisse Kämpfe für die Entscheidung benötigt werden,[36] besitzt man in der Konfliktsorientierung ein grandios vereinfachtes Konzept. Man umgeht damit das, was man in der neueren Entscheidungstheorie die »rationale Unbestimmtheit« sozialer Situationen nennt.[37]

Die Konfliktsorientierung vereinfacht auch insofern stark, als sie es ermöglicht, die meisten sachlichen und zeitlichen Differenzen zwischen Situationen zu neutralisieren. Im Hinblick auf einen etwaigen Kampfausgang können dauernd sehr verschiedenartige Forderungen durchgesetzt werden. Es kann dabei außer acht bleiben, daß einmal der eine und einmal der andere die stärkeren Bedürfnisse hat, oder daß in der einen Hin-

---

quotient of the maximum force which B can induce on A, and the maximum resistance which A can offer«. Ebenso John R. P. French, A Formal Theory of Social Power, Psychological Review 63 (1956), S. 181-194. Bemerkenswert ist die Betonung des »maximum«. Sie verrät, daß in dieser Theorie Macht nur als etwas Ganzes und Einheitliches gesehen werden kann, das man entweder hat oder nicht hat.

36 Zu diesem Verhältnis von Messungsschwierigkeiten und Kampf vgl. auch Lewis A. Coser, The Functions of Social Conflict, Glencoe (IL) 1956, S. 135, und ähnlich – über Informationsmangel als Anlaß zum Kampf – Külp, Theorie der Drohung, a. a. O. (Anm. 23), S. 23, S. 41, S. 51.

37 Vgl. z. B. John von Neumann/Oskar Morgenstern, Spieltheorie und wirtschaftliches Verhalten, Würzburg 1961 (dt. Übers.), S. 9 ff.; Gérard Gäfgen, Theorie der wirtschaftlichen Entscheidung. Untersuchungen zur Logik und ökonomischen Bedeutung des rationalen Handelns, Tübingen 1963, insb. S. 176 ff.

sicht dieser, in anderer Hinsicht jener vom anderen abhängig ist und daß diese Abhängigkeiten von Situation zu Situation wechseln können. Die generalisierende, zu Indifferenz ermächtigende Konfliktsperspektive entlastet den Handelnden von einer Vielzahl komplizierter Erwägungen, vor allem von Rücksicht auf die Alternativen, die ihm und seinem Gegner in den einzelnen Situationen in je verschiedener Art und Zahl zur Verfügung stehen.

Die Wirklichkeit ist weniger einfach. Die Schwierigkeiten, Macht zu messen, sind ein erstes Zeichen dafür.[38] Die Einsicht, daß Machteinsatz etwas kostet und daher auch geringere Gegenmacht des Gegners Bedeutung gewinnt, weil sie von einer zu kostspieligen Machtprobe abhalten kann, ist heute nicht nur in der Praxis, sondern auch in der Theorie geläufig.[39] Damit

---

38 Siehe dazu Herbert A. Simon, Notes on the Observation and Measurement of Political Power, Journal of Politics 15 (1953), S. 500-516, neu gedruckt in ders., Models of Man, a. a. O. (Anm. 20), S. 62-78; Robert A. Dahl, Hierarchy, Democracy, and Bargaining in Politics and Economics, in: Stephen K. Bailey u. a., Research Frontiers in Politics and Government. Brookings Lectures 1955, Washington D. C. 1955, S. 45-69 (hier S. 50 ff.); March, Introduction to the Theory and Measurement of Influence, a. a. O. (Anm. 21), S. 445 ff.; ders., Measurement Concepts in the Theory of Influence, Journal of Politics 19 (1957), S. 202-226; und, sehr viel skeptischer, ders., The Power of Power, a. a. O. (Anm. 30), S. 69. Ausgiebig sind diese Fragen auch in den amerikanischen »community power studies« erörtert worden im Anschluß an Floyd Hunter, Community Power Structure, Chapel Hill (NC) 1953.

39 Vgl. z. B. Thomas C. Schelling, The Strategy of Conflict, Cam-

nähert man sich bereits der Notwendigkeit, Machtsituationen als rational unbestimmt ansehen zu müssen (bzw. die Bedeutung der Meßbarkeitsprämisse steigt). Diese Bedenken führen an ein zentrales Problem der klassischen Machttheorie: ihre Konstruktion der Machtgeneralisierung mit Hilfe eines bestimmten sozialen Mechanismus. Generalisierung ist sicherlich ein wesentlicher Aspekt aller Macht, die relativ beständig und zuverlässig in verschiedenen Situationen und gegenüber verschiedenen Menschen wirken soll. Aber ist der Hinblick auf die mögliche Anwendung physischer Zwangsgewalt im Konfliktsfalle der einzige Mechanismus der Generalisierung und kann der Machteinsatz in dieser Perspektive allein rationalisiert werden?

5. Die Zuspitzung auf die (einmalige) Konfliktssituation wird in der klassischen Theorie dadurch kompensiert, daß Macht als ein *besitzbares Gut* betrachtet wird, das man wie materielle Güter »haben« und dementsprechend auch verlieren kann. Ganz auffällig durchzieht diese Konzeption die politische Theorie Machiavellis; aber sie ist auch sonst nahezu selbstverständlich.[40] Ihren Gipfel findet sie in der Machttheorie

---

bridge (MA) 1960; Singer, Inter-Nation Influence, a.a.O. (Anm. 24); Karlsson, Some Aspects of Power in Small Groups, a.a.O. (Anm. 18); ferner die Autoren, die auf beiden Seiten der Machtbeziehung die Existenz von Alternativen mit zu berücksichtigen suchen. Vgl. Hinweise unter Anm. 54.

40 Kritisch dazu im Hinblick auf den notwendig relationalen Charakter der Macht Bachrach/Baratz, Decisions and Nondecisions, a.a.O. (Anm. 26).

Parsons' in der Form eines durchgehenden Vergleichs von Macht und Geld. Was wird mit dieser Metapher des »Besitzens« von Macht erreicht?

Welche Bedeutung die Kategorie des Habens für das neuzeitliche Denken, besonders für die Erkenntnistheorie, besitzt, wissen wir spätestens seit ihrer Kritik durch den Existentialismus.[41] Im ganzen hat diese Kritik jedoch nur zum Verächtlichmachen des Habens gereicht,[42] nicht zum Verständnis der Kategorie. Ihre Aussage läßt sich auf drei Aspekte reduzieren, deren Zusammenhang gemeint ist: Die Benutzbarkeit ohne laufenden Neuerwerb (das heißt ohne Wiederholung der ursprünglichen Anstrengung), die Begrenztheit

---

41 Vgl. vor allem Gabriel Marcel, Être et avoir, Paris 1935. Siehe auch Emmanuel Mounier, Introduction aux existencialisme, Paris 1947, S. 22 f.; Michael Landmann, Erkenntnis und Erlebnis. Phänomenologische Studien, Berlin 1951, insb. S. 194 ff.; ferner etwa Friedrich G. Jünger, Die Perfektion der Technik, Frankfurt 1946, S. 8 ff., und, kaum brauchbar, Günther Stern, Über das Haben, Bonn 1928. In wesentlichen Zügen findet sich diese Kritik in der phänomenologischen Philosophie Edmund Husserls vorbereitet, der einerseits vom Erkennen als einer Feststellung des Seienden zu dauerndem Erkenntnisbesitz spricht, sich andererseits aber gegen die Technisierung wendet im Sinne eines Sichbegnügens mit Sinnsedimenten der Vergangenheit, die nicht mehr ursprünglich leistend vollzogen werden. Siehe Erfahrung und Urteil. Untersuchungen zur Genealogie der Logik, Hamburg 1948, und besonders: Die Krisis der europäischen Wissenschaften, a. a. O. (Anm. 29).

42 Etwa in dem Sinne, daß die Habe als etwas Herstellbares, Zählbares, Inventarisierbares, Verkäufliches aus dem Bereich der »eigentlichen« Seins ausgeschlossen wird.

und Absicherbarkeit spezifischer Gefährdungen und die unabhängige Variabilität (und damit Fungibilität) des habbaren Besitzes. Der Nutzwert der Habe läßt sich gleichsam aufstauen und auf Dauer stellen. Damit werden Quellen der Störung und Gefährdung der Habe bestimmbar, und es bedarf nur noch der Ausschaltung dieser bestimmten Störungen, um die Habe zu sichern.[43] Alle rationalen Taktiken der Machterhaltung und Machtmehrung, wie etwa Machiavelli sie beobachtet und dargestellt hat, beruhen auf dieser Prämisse spezifizierbarer und damit abwehrbarer Gefährdungen. Durch solche Sicherung läßt die Habe sich unabhängig machen von der Situation, die wechseln kann, und auch von der Person des Habenden, die ebenfalls wechseln kann. Habe ist intersubjektiv übertragbar. Wegen dieser Struktur ist das Haben die Kategorie einer Gesellschaft, die hohe Mobilität mit hoher Sicherheit bestimmter Zustände, weitreichende Interdependenzen mit vielseitigen Independenzen und unabhängiger Variierbarkeit verbinden muß – nicht nur im ökonomischen Sektor, sondern in der Wissenschaft, in der Kunst, in der Politik.

---

43 Eine ähnliche Funktion hat übrigens die Metapher des »Gleichgewichts«. Auch sie dient dazu, die allgemeine Ungewißheit des Fortbestehens auf spezifische Störungen zu reduzieren, ohne jedoch – als Metapher! – hinreichend erklären zu können, durch welche Systemprozesse diese Reduktion zustande kommt. Vgl. dazu namentlich Renate Mayntz, On the Use of the Equilibrium Concept in Social System Analysis, Transactions of the Fifth World Congress of Sociology, Washington D.C. 1962, Bd. IV, S. 133-153.

Wer Macht als Besitz denkt, unterstellt Einflußchancen dieser Struktur des Habens, des relativ anstrengungslosen Benutzenkönnens und der Übertragbarkeit. Zugleich bekräftigt diese Metapher die Prämisse konstanter Machtsummen: Macht könne, ebenso wie Besitz, durch Übertragung nicht vermehrt werden, »for nobody can transfer to another more power than he has in himself«.[44] Die Vermutung einer bedeutsamen Einsicht drängt sich auf – aber die Kategorie des Habens reicht in dieser metaphorischen Verwendung nicht weit genug, um diese Vermutung weiter zu analysieren. Die so leicht faßliche Kategorie des Habens täuscht eine Erkenntnis vor, wo das Fragen erst zu beginnen hätte: Denn welche Systembedingungen müssen erfüllt sein, damit Macht so etwas wie ein Besitz werden und als solcher verwaltet, als konstante Größe übertragen, gemehrt und gemindert und gegen spezifische Gefährdungen verteidigt werden kann?

6. Im Rahmen der klassischen Machttheorie gäbe es eine Möglichkeit, diese Frage zu beantworten, die indes einer näheren Analyse nicht standhält. Unter der Voraussetzung, daß A gegenüber B Forderungen durchsetzen kann, ohne auf den Willen des B Rücksicht nehmen zu müssen (weil er ihn durch Zwang bre-

---

44 So formuliert John Locke, Two Treatises of Civil Government, Buch II, Kap. XI, (zit. nach der Ausgabe der Everyman's Library, London-New York 1953, S. 185), in Anlehnung an die bekannte juristische Parömie »nemo plus iuris transferre potest quam ipse habet«.

chen kann), lassen Machtsysteme sich als *geschlossene Systeme* konstruieren. Darunter sollen hier Systeme verstanden werden, die nur in einer oder einigen Variablen von der Umwelt beeinflußt werden können und sich dann in ihren übrigen Teilen in determinierter Weise auf die Änderung einstellen, ohne intern Alternativen und Entscheidungsprozesse aktivieren zu können.[45] Prototyp geschlossener Systeme ist die mechanische Maschine. Die klassische Machttheorie hat daher vielfach versucht, sich an diesem Modell der Maschine zu orientieren und auf diese Weise Struktur in die Unübersichtlichkeit des Feldes kausaler Möglichkeiten zu bringen.

In geschlossenen Systemen kann die Machtkalkulation durch zwei Annahmen vereinfacht und rationalisiert werden, die der klassischen Machttheorie mindestens stillschweigend zugrunde liegen und in ihren Argumentationen durchgängig Verwendung finden.

45 Dieser Begriff weicht von der üblichen Definition des geschlossenen Systems als vollständig umweltunabhängig ab. Bei vollständiger Umweltunabhängigkeit wäre keinerlei Änderung, also auch keine Determination, denkbar; es hätte nicht einmal Sinn, von »Variablen« zu reden. Entscheidend für die Geschlossenheit ist vielmehr die Zentralisierbarkeit der Kausalprozesse in dem Sinne, daß das System abhängige und unabhängige Variable trennt und sich nur in den systemintern unabhängigen Variablen von der Umwelt beeinflussen läßt. Zur üblichen Auffassung vgl. etwa: Arthur D. Hall/Robert E. Fagen, Definition of System, General Systems 1 (1956), S. 18-28, und den Versuch des Einbaus abschwächender Konzessionen von Llewellyn Gross, System-Construction in Sociology, Behavioral Science 5 (1960), S. 281-290.

Die eine ist das *Transitivitätsprinzip*, die andere die *Machtsummenkonstanzprämisse*.

(a) *Transitiv* ist eine Beziehung, wenn ihr Bestehen zwischen A und B und ihr Bestehen zwischen B und C ihr Bestehen zwischen A und C impliziert. Bei rationalem Kalkulieren mit Gleichheiten, Kausalbeziehungen oder Werten muß Transitivität unterstellt werden,[46] auch wenn es bei komplexen Systemen und sehr langen oder mehrdimensionalen Beziehungsketten dem natürlichen Erleben schwerfällt, die Implikationen spontan zu vollziehen oder auch nur zu kontrollieren.[47] Macht ist transitiv, wenn die Macht des A über B und die Macht des B über C auch die Macht

---

46 Für Gleichheit siehe z. B. Bertrand Russell/Alfred North Whitehead, Einführung in die mathematische Logik (dt. Übers. der Einleitung der Principia Mathematica), München-Berlin 1932, S. 36 f.; für Kausalität siehe z. B. Arthur W. Burks, The Logic of Causal Propositions, Mind 60 (1951), S. 363-382 (hier S. 368 f.), und als einen Versuch, das Transitivitätsprinzip zu umgehen, Herbert A. Simon, Causal Ordering and Identifiability, in: ders., Models of Man, a. a. O. (Anm. 20), S. 10-36; für Werte siehe z. B. Gäfgen, Theorie der wirtschaftlichen Entscheidung, a. a. O. (Anm. 37), z. B. S. 146 f., S. 246, S. 272, oder Jacob Marschak, Actual Versus Consistent Decision Behavior, Behavioral Science 9 (1964), S. 103-110.

47 Vgl. hierzu bereits die Bemerkungen von William James im Appendix on the Notion of Reality as Changing, in: ders., A Pluralistic Universe, Neudruck New York-London-Toronto 1958, S. 347 f., Gleichheit und Kausalität betreffend. Für die Transitivität faktischer Wertpräferenzen siehe etwa John M. Davis, The Transitivity of Preferences, Behavioral Science 3 (1958), S. 26-33, oder auch Gäfgen, Theorie der wirtschaftlichen Entscheidung, a. a. O. (Anm. 37), S. 283 ff.

des A über C sicherstellen. Die Konfliktsorientierung der Macht scheint deren Transitivität zu gewährleisten, denn wenn A den B und dieser den C zwingen kann, kann A auch C direkt zwingen. Es wäre danach auch bei langen Ketten der Übermächtigung undenkbar, daß die Machtanwendung einen Zirkel bildet, daß also Y mächtiger ist als Z, dieser aber überraschenderweise mächtiger als A. Man kann dieses klassische Transitivitätsprinzip auch als *inhärent hierarchische Struktur* der Macht begreifen: Sie bildet sich in einem komplexen System zu einer Hierarchie aus, in der jeder Machthaber seinen festen Platz hat und die Unteren weniger Macht haben als die Oberen, also niemals in der Lage sind, von unten nach oben Macht auszuüben.

Indes: Machtzirkel gibt es im wirklichen Leben sehr wohl. Der Chef zum Beispiel hat Macht über seinen Untergebenen, dieser über seine Frau, diese über ihre Freundin und diese wiederum über den Chef. Eine solche Konstellation braucht nicht notwendig instabil zu sein oder jede Machtausübung wie durch einen Kurzschluß zusammenbrechen zu lassen. Aber sie belastet den Einsatz von Macht sicher mit besonderen Rücksichten und Ungewißheiten. Solche Machtzirkel könnten vom Standpunkt der klassischen Machttheorie zunächst als unerfreulich und pathologisch abgebucht werden. Neuerdings beginnt man jedoch unter dem Einfluß des Kreiseldenkens der Kybernetik ihre Funktion zu erkennen. Demokratische politische Systeme suchen zum Beispiel dem Publikum Macht über die Politik, dieser Macht über die Verwaltung und dieser Macht über das Publikum zu verschaffen, also einen Kreislauf einflußreicher Kommunikation in einem funktional differenzierten System herzustellen, um eine Übermächtigung auch der höchsten Machthaber zu ermöglichen.[48]

Damit wird zugleich deutlich, daß die Prämissen des geschlossenen Systems und der Transitivität der Macht theoretische Entscheidungen sind, die sich nicht von selbst verstehen, sondern angefochten werden können und in jedem Falle ihren Anwendungsbereich genauer definieren müßten.

(b) Das Transitivitätsprinzip ordnet die Beziehungen verschiedener Machtträger in einem Sinne, der die Auswirkung der Macht auf das Handeln berechenbar macht. Dabei bleibt offen, wie Ereignisse sich auf die Macht selbst auswirken. Auch in dieser Hinsicht ist ein geschlossenes System nicht als vollständige Abgeschlossenheit gegen die Umwelt (Ereignislosigkeit) denkbar. Die Chance, im Konflikt zu obsiegen, kann sich ändern, und damit können sich auch die Machtbeziehungen ändern. Will man dieser Veränderungsmöglichkeit in der Theorie Rechnung tragen, muß man sich die Chance, im Konflikt zu siegen, als quan-

48 Es ist wohl kein Zufall, daß David Easton, der diese Zirkelstruktur des politischen Systems am schärfsten und ausführlichsten herausgearbeitet hat, zugleich einer der Autoren ist, an denen die Machtfremdheit der neueren Systemtheorie belegt werden konnte – vgl. oben, Anm. 10. Das legt die Vermutung nahe, daß mit diesem Vorwurf nur eine bestimmte Theorie transitiver Macht verteidigt werden sollte.

tifizierbar und meßbar vorstellen (was der Prämisse, Macht sei entweder gegeben oder nicht gegeben, nicht widerspricht, da nun diese Chance als solche entweder wirkt oder nicht wirkt, je nachdem, ob sie im Vergleich zu der des Gegners die größere ist). Die Geschlossenheit des Systems kann dann in dem Sinne behauptet werden, daß die *Gesamtsumme der Macht im System invariant gesetzt wird*, so daß Ereignisse nur ihre interne Verteilung beeinflussen können. Jeder Gewinn an Macht für einen Beteiligten ist dann mit genau entsprechendem Verlust an Macht bei seinen Gegnern verbunden. Die Machtbeziehungen sind nach Art eines Nullsummenspiels verbunden. Das vereinfacht die Entscheidungslage erheblich durch Generalisierung der Konfliktslage: Jeder Beteiligte muß alle Machtänderungen zu verhindern suchen, die nicht seine eigene Macht stärken. Andererseits ergibt sich daraus eine Art Spielzwang: Wer nicht aufpaßt, verliert. Dadurch ist das System indifferent gegen die Besonderheiten individueller Motivstrukturen.

Kalkulationen dieser Art sind weit verbreitet. Zumeist wird die Machtsummenkonstanzprämisse als selbstverständlich implizit vorausgesetzt.[49] Alle Gleich-

49 Eine durchdachte und ausdrückliche Verwendung dieser Prämisse findet man bei Lloyd S. Shapley/Martin Shubik, A Method for Evaluating the Distribution of Power in a Committee System, American Political Science Review 48 (1954), S. 782-792, bezeichnenderweise expliziert am Modell eines entsprechend organisierten Systems und nicht an »natürlichen« Machtsituationen. Auch Michael Maschler, The Power

gewichtstheorien basieren auf dieser Annahme. Aber auch bei hierarchisch-transitiven Machtbeziehungen wird sie typisch unterstellt. So setzt zum Beispiel die spätliberale Staatslehre das Anwachsen staatlicher Kontrollen mit entsprechendem Verlust individueller Freiheit gleich.[50] Der Machtgewinn der Ministerialbürokratie führt, so wird gewarnt, zu einem Machtverlust des Parlaments.[51] Unter dem gleichen regulativen Vorurteil steht die Diskussion »oligarchischer« Tendenzen in der Organisation politischer Parteien: Die Stärkung einer kleinen Gruppe von Parteiführern und Parteibürokraten gehe auf Kosten der Wähler oder doch der Parteimitglieder.[52]

---

of a Coalition, Management Science 10 (1963), S. 8-29, betont, daß unter dem Gesichtspunkt von Macht alle Spiele zu Nullsummenspielen werden. Siehe ferner den scheiternden Versuch einer Verifikation durch William H. Riker, A Test of the Adequacy of the Power Index, Behavioral Science 4 (1959), S. 120-131.

50 Ein typisches Beispiel: Ludwig von Mises, Bureaucracy, New Haven (CT) 1944. Kritische Bemerkungen zu dieser Unterstellung bei Franz L. Neumann, Zum Begriff der politischen Freiheit, Zeitschrift für die gesamte Staatswissenschaft 109 (1953), S. 25-53 (hier S. 41).

51 Siehe etwa Lord Hewart of Bury, The New Despotism, London 1929, oder Carleton Kemp Allen, Bureaucracy Triumphant, London 1931.

52 Vgl. die klassische Studie von Robert Michels, Zur Soziologie des Parteiwesens in der modernen Demokratie, Neudruck der 2. Aufl., Stuttgart o. J. Als neueren Beleg siehe Hannelore Hamels, Das sowjetische Herrschaftsprinzip des demokratischen Zentralismus in der Wirtschaftsordnung Mitteldeutschlands, Berlin 1966 – eine Untersuchung, die von der Prämisse aus-

Diese Argumentation mag plausibel klingen und für politische Polemik genügen. Sie drängt sich in der Tat auf, wenn man Macht als »Besitz« begreift, der weggenommen und neu verteilt werden kann, aber nicht etwa durch die Art seiner Verteilung vermehrt werden kann. In der Theorie wird man aber nicht auf die Dauer ignorieren können, daß Macht nicht nur in den Händen einzelner Teilnehmer, sondern auch auf der Ebene des Systems selbst eine Variable ist, die mit anderen Variablen – zum Beispiel Kommunikationsdichte, Ausmaß des Konsenses, Ausmaß der Interdependenz des Handelns – zusammenhängt. Eine Steigerung der wechselseitigen Interdependenzen kann dazu führen, daß die Macht aller Teilnehmer aufeinander zunimmt, jeder einzelne also mächtiger und abhängiger zugleich wird. Und bei einer solchen Systementwicklung wird es vermutlich notwendig werden, Macht in Formen zu generalisieren, die nicht mehr allein am mutmaßlichen Kampfausgang orientiert sind, also auch in dieser Hinsicht mit Prämissen der klassischen Machttheorie zu brechen. Damit ist nicht gesagt, daß Summenkonstanzprämissen in der Machttheorie

---

geht, daß aller Machtzuwachs in der Zentrale auf Kosten der Macht unterer Instanzen oder des Volkes gehe und damit undemokratisch sei, während der Sinn des dialektischen Prinzips des demokratischen Zentralismus gerade darin besteht, diese Machtsummenkonstanzprämisse zu leugnen und Organisationsformen zu fordern, durch die die Macht von oben nach unten und zugleich die Macht von unten nach oben gesteigert werden kann.

schlechterdings fehl am Platze seien. Ebenso wie beim Transitivitätsprinzip wird aber geklärt werden müssen, unter welchen besonderen Voraussetzungen sie anwendbar sind, wie also ein System beschaffen sein muß, das so kalkulieren kann.

II. Systemtheoretischer Machtbegriff

Die klassische Machttheorie verdankt ihre Plausibilität und ihre Verbreitung vermutlich vor allem dem Umstand, daß sie einem praktischen Bedürfnis nach Vereinfachung entgegenkommt und daß sie ihre Prämissen nicht hinreichend artikuliert. Ihr in einer Gesamtdarstellung gerecht zu werden, ist daher schwierig. Die Einheit und innere Konsistenz ihres Denkens ist ihr selbst kaum bewußt geworden. Man findet sie nicht formuliert, sondern nur impliziert, und das vereinheitlichende Etikett, »die klassische Theorie«, kann ihr nur von einer Position aus aufgeklebt werden, die schon jenseits jener Prämissen liegt und daher einen Überblick über ihren Zusammenhang ermöglicht. Jeder Versuch, diese Prämissen herauszumeißeln, schlägt denn auch sehr rasch in Zweifel und Kritik um. Die Darstellung nimmt dann die Form eines Nachrufs an. In der neueren Diskussion sind fast alle Annahmen der klassischen Machttheorie aufs Korn genommen worden, sei es mit dem Ziel, sie zu widerlegen und aus der Machttheorie zu eliminieren, sei es mit dem Ziel, an den Problemen der Prämissen die begrenzte Bedeutung der Machttheorie nachzuweisen. Aber es fehlen Versuche, die klassische Konzeption der Macht in all ihren Prämissen durch eine andere, etwa eine systemtheoretische Konzeption, zu ersetzen.

So haben Versuche, die Kausalstruktur des Machtverhältnisses logisch und empirisch zu präzisieren, zu erheblichen Zweifeln geführt, die allerdings nicht gegen die herkömmliche Auslegung des Kausalnexus, sondern gegen die Brauchbarkeit einer kausalen Machttheorie gerichtet werden.[53] Kern dieser Schwierigkeiten scheint die Diskrepanz zwischen Generalisierung der Macht und Ursachencharakter der Macht zu sein. Weniger radikal, aber damit verwandt, sind Versuche, auf seiten des Machthabers ebenso wie auf seiten des Machtunterworfenen Alternativen (und also Entscheidungsprozesse) mit in Betracht zu ziehen und Machtfragen so als Nutzenkalküle zu rationalisieren.[54] Die Übersetzung dieser Theorien in empirisch nachprüfbare Kausalaussagen ist bisher kaum in Angriff genommen, andererseits ist die Theorie aber auch

---

53 Siehe namentlich William H. Riker, Some Ambiguities in the Notion of Power, The American Political Science Review 58 (1964), S. 341-349, und March, The Power of Power, a. a. O. (Anm. 30).

54 Vgl. z. B. John W. Thibaut/Harold H. Kelley, The Social Psychology of Groups, New York (NY) 1959, S. 100 f.; Emerson, Power-Dependence Relations, a. a. O. (Anm. 17), S. 31-41; John C. Harsanyi, Measurement of Social Power. Opportunity Costs and the Theory of Two-Person Bargaining Games, Behavioral Science 7 (1962), S. 67-80, und ders., Measurement of Social Power in n-Person Reciprocal Power Situations, Behavioral Science 7 (1962), S. 81-91; Arnold S. Tannenbaum, An Event-Structure Approach to Social Power and the Problem of Power Comparability, Behavioral Science 7 (1962), S. 315-331; Karlsson, Some Aspects of Power in Small Groups, a. a. O. (Anm. 18).

nicht als Kritik der Kausalkategorie formuliert worden. Am üblichsten sind vielleicht die Bedenken gegen die Konfliktsorientierung der Macht. Warnungen vor exklusiver Orientierung an physischer Zwangsgewalt sind alt, selbstverständlich geworden und theoretisch unfruchtbar geblieben: Über die These, daß alle Macht aus einer Mischung von Zwang und Konsens bestehen müsse, kommt man im Rahmen der klassischen Theorie nicht hinaus.[55] Schließlich wäre die bereits systemtheoretisch orientierte Kritik der klassischen Theorie politischer Macht durch Parsons zu nennen. Parsons rügt die Prämisse des geschlossenen Systems und vor allem ihre beiden Korollarien, das Hierarchieprinzip[56] und die Machtsummenkonstanzprämisse,[57] er distan-

55 Siehe z. B. den Überblick über die Diskussion dieser Frage bei E. V. Walter, Power and Violence, American Political Science Review 58 (1964), S. 350-360. Einen bemerkenswerten Versuch, mit diesen Begriffen Zwang und Konsens als Variabler einer Systemtheorie zu arbeiten, hat Stéphane Bernard, Esquisse d'une théorie structurelle-fonctionelle du système politique, Revue de l'Institut de Sociologie 36 (1963), S. 569-614, vorgelegt.

56 Siehe z. B. Talcott Parsons, The Political Aspect of Social Structure and Process, in: Easton, Varieties of Political Theory, a. a. O. (Anm. 30), S. 71-112 (insb. S. 92).

57 Vgl. insb. Talcott Parsons, On the Concept of Influence, Public Opinion Quarterly 27 (1963), S. 37-62 (hier S. 59 ff.), und ders., On the Concept of Political Power, a. a. O. (Anm. 28), S. 250 ff. Auch von anderer Seite, und zwar namentlich von gruppentheoretisch interessierten Forschern, wird die Machtsummenkonstanzprämisse attackiert. Siehe z. B. Rensis Likert, New Patterns of Management, New York-Toronto-London 1961, S. 55 ff., S. 179 ff.; Arnold S. Tannenbaum, Control and

ziert sich durch seinen Machtbegriff - Macht sei generalisierte Kapazität, kollektive Ziele durch bindende Entscheidungen zu verwirklichen - von der Konfliktsorientierung[58] und tendiert dazu, ohne sich ganz von kausalen Vorstellungen zu lösen, Macht wie Geld als eine Erscheinung des Kommunikationsprozesses aufzufassen, als eine Art imperative Sprache. Eben damit bleibt er aber im Banne der Auffassung der Macht als Habe. Aus dem Repertoire klassischer Prämissen wird ferner die Bedürfnisorientierung übernommen. Alles in allem liegt, bisher jedenfalls, keine vollständige Alternative zur klassischen Machttheorie vor. Eine Analogie, die zum Geldmechanismus,[59] ist noch keine Theorie, und eine immer feinere Ausarbeitung des Parsonsschen Systemdifferenzierungsmodells scheint für sich allein eine solche auch nicht zu versprechen.

Effectiveness in a Voluntary Organization, American Journal of Sociology 67 (1961), S. 33-46 (hier S. 35 f.); ders., Control in Organizations. Individual Adjustment and Organizational Performance, Administrative Science Quarterly 7 (1962), S. 236-257 (hier S. 247 ff.).

58 So spricht er - Talcott Parsons: Some Reflections on the Place of Force in Social Process, in: Harry Eckstein (Hrsg.), Internal War. Problems and Approaches, New York-London 1964, S. 33-70 - von »the power of alter effectively to carry on his intentions regardless of ego's wishes - not necessarily against them but *independently* of them« (S. 41). Aber dieser Ausweg, Macht als Unabhängigkeit zu definieren, führt natürlich in andere Schwierigkeiten.

59 Darin scheint Parsons den »main point« (so: Political Aspect of Social Structure and Process, a. a. O. [Anm. 56], S. 104) seiner Machttheorie zu sehen. Vgl. näher unten, S. 84.

Zieht man die verschiedenen Positionen der klassischen Machttheorie und ihre Prämissen zusammen in den Blick, dann wird erkennbar, daß ihre Problematik auf der Achse Komplexität – Einfachheit liegt und letztlich in der Auslegung und Verwendung der Kausalkategorie zu suchen ist. Wer die Hypothese ernst nimmt, daß Macht eine bestimmte Ursache bestimmter Wirkungen sei, muß bei sorgfältiger Überprüfung zu dem Ergebnis kommen, daß die Machttheorie für komplexe soziale Systeme nicht taugt.[60] Aber man könnte auch die entgegengesetzte Folgerung ziehen, daß nämlich das Wesen der Macht nicht in ihrer (unbestreitbaren) Kausalität zu suchen ist, sondern in den Prozessen der Reduktion von Komplexität, die vorausgesetzt werden müssen, damit menschliche Kommunikation überhaupt kausal relevant werden kann.

Eine immanente Kritik der Kausalkategorie führt vor die gleiche Vermutung. Die offene Unendlichkeit des Kausalnexus in Richtungen auf Ursachen und Ursachen der Ursachen, auf Wirkungen und Wirkungen der Wirkungen und in Richtung auf substituierbare, andere Möglichkeiten kausaler Verknüpfung zeigt, daß Kausalität ein Schema äußerster Komplexität, also eine Auslegung der Welt ist, das in seiner Abstraktheit die menschliche Orientierungskraft überfordert. Kausalität ist nur ein Schema für möglichen Sinn und gewinnt diesen Sinn erst durch zusätzliche Formen der Reduktion dieser Komplexität, die zum Beispiel Kau-

60 So March, The Power of Power, a. a. O. (Anm. 30).

salgesetze oder Wahrscheinlichkeiten als »Wahrheit« befestigen oder Werte, Normen oder Rollen institutionalisieren.[61] Deren Selektivität ist mit den Begriffen Ursache und Wirkung nicht vorgezeichnet, sondern muß hinzugesetzt werden. Kausalität ist ein Entwurf von Komplexität im Hinblick auf mögliche Selektion.[62] Mit anderen Worten: Ursachen und Wirkungen sind nicht nur in ihrer Wirkungsrichtung relevant und problematisch, wie die klassische Theorie kausaler Gesetzmäßigkeit es sieht, sondern außerdem in ihrer Selektivität, ihrem Verhältnis zu anderen Ursachen und Wirkungen, die durch sie aus dem Bereich des Möglichen eliminiert werden. Gerade in dieser Blickrichtung »zur Seite«, auf Alternativen, zeigt sich die Funktion der Macht, Komplexität zu reduzieren, und auch die Voraussetzungen, die zur Macht ermächtigen, werden nur in dieser Blickrichtung verständlich. Die Frage nach der Macht muß mithin als Frage nach selektiven Prozessen formuliert werden, welche die Komplexität des Netzes kausaler Möglichkeiten so weit reduzieren, daß sich ein sinnvolles Verhältnis von Ursachen und Wirkungen ergibt.

---

61 Als eine Interpretation des Begriffs der »Ideologie«, die von dieser Auslegung des Kausalschemas ausgeht, siehe Niklas Luhmann, Wahrheit und Ideologie, Der Staat 1 (1962), S. 431-448, neu gedruckt in: ders., Soziologische Aufklärung 1, Opladen 1970, S. 54-65.

62 Dasselbe gilt übrigens für die Kategorie der Gleichheit. Vgl. Niklas Luhmann, Grundrechte als Institution. Ein Beitrag zur politischen Soziologie, Berlin 1965.

Die einfache Kausalbeziehung, daß A ein Handeln des B bewirkt, ist demnach ein Grenzfall, der allenfalls theoretisches Interesse hat, eine analytische Konstruktion, die als Fragestellung geeignet ist, aber keine Wirklichkeit beschreibt. An der Feststellung, daß A ein Handeln des B bewirkt, ist deshalb die Selektivität das Interessante, die Reduktion der Möglichkeiten des A und der Möglichkeiten des B auf eine bestimmte Wirklichkeit, und nicht etwa die »Kraft« des A, B zu bestimmen, die »Eigenschaften« des A oder die Qualität seiner Beziehungen zu B – alles Begriffe, welche die Selektionsleistung voraussetzen, statt sie zum Problem zu machen. Der Tatbestand des Einflusses muß dahin formuliert werden, daß eine Kommunikation als eine Auswahl aus den Alternativen des A eine Auswahl aus den Alternativen des B trifft. Und das Problem liegt darin, die *Systembedingungen* zu finden, die solch eine *selektionsbedingte Selektion* steuern.

Unter den Denkvoraussetzungen der klassischen Machttheorie mußte die Frage nach dem Wesen der Macht letztlich in die Frage nach Ursachen und Wirkungen aufgelöst werden. Die Prozesse der Reduktion von Komplexität, die vorausgesetzt werden müssen, wenn Macht als eine relativ exklusiv wirkende Ursache begriffen werden soll, hätten als »Ursachen der Macht« dargestellt werden müssen, so etwa Legitimität, Zwang, Vorwegnahme möglichen Zwanges, Konsens. Solchen Tatbeständen Ursächlichkeit für Machtbildung zu unterstellen, ist nicht falsch, reicht aber nicht aus, um verständlich zu machen, worauf Macht beruht und was sie leistet. Dazu muß Einblick in ein Arrangement von Strukturen und Prozessen gewonnen werden, welches durch die *Art der Anordnung* von Kausalprozessen (und nicht etwa durch die inhärente »Kraft« von Ursachen) Selektionsleistungen erbringt und damit Macht konstituiert. Vor allem müssen Selektionsleistungen sich wechselseitig verstärken, also bereits ausgeschiedene Alternativen nicht jedesmal wieder einbeziehen, soll die Abarbeitung hoher Komplexität gelingen. Kausalität setzt daher Systembildung voraus (und nicht etwa umgekehrt),[63] und Macht setzt Handlungssysteme, in allen höheren Formen Organisation voraus (und nicht umgekehrt).[64]

Diese zunächst auf sehr schmaler Spur gewonnene Aussage läßt sich durch einen Blick auf neuere Entwicklungen der allgemeinen Systemtheorie bestätigen. Der Begriff »Theorie« übertreibt zwar die Einheitlichkeit des zur Zeit vorhandenen Gedankengutes.

---

63 Hierzu sehr interessant Magoroh Maruyama, The Second Cybernetics. Deviation-Amplifying Mutual Causal Processes, General Systems 8 (1963), S. 233-241, mit der These, daß es zunächst einmal einen Bruch im Sein, einen Unterschied geben müsse, bevor Kausalität möglich wird, die dann dazu tendiert, diesen Unterschied als Ansatzpunkt für andere zu benutzen und so durch Systembildung zu verstärken.

64 Die klassische Theorie hatte dagegen das Verhältnis von Macht und Organisation umgekehrt, nämlich Organisation als Folge der Macht begriffen: im öffentlichen Bereich als Folge der politischen Macht des Eigentümers. Daß diese Konzeption in beiden Fällen nicht ausreicht, ist heute evident.

Im ganzen ist aber deutlich erkennbar, daß das Systemdenken sich von der traditionellen Beschränkung auf systeminterne Verhältnisse (auf Beziehungen von »Teilen« zueinander oder zum »Ganzen«) zu lösen beginnt und alle internen Strukturen und Prozesse letztlich als Lösungen von Problemen in den System/Umwelt-Beziehungen zu begreifen sucht.[65] Das Verhältnis von System und Umwelt aber ist zunächst ein solches unterschiedlicher Komplexität. Die Welt läßt mehr Möglichkeiten zu als das System. Sie ist für jedes System übermäßig komplex: unfaßbar, spannungsreich, voll unvorhersehbarer Ereignisse, unbeherrschbar. Jedes System muß sich daher einen vereinfachten, selektiven Umweltentwurf machen, eine subjektive Welt konstituieren, auf die hin es handeln kann. Je komplexer das System selbst ist, desto komplexer kann auch seine relevante Umwelt sein. In dem Maße, als die Komplexität des Systems steigt, verringern sich seine Anpassungsprobleme[66] und wachsen dafür seine internen Probleme, nämlich die strukturell beding-

65 Dazu einige weitere Hinweise bei Niklas Luhmann, Funktionale Methode und Systemtheorie, Soziale Welt 15 (1964), S. 1-25 (hier S. 11 ff.), neu gedruckt in: ders., Soziologische Aufklärung 1, a. a. O. (Anm. 61), S. 31-53.

66 Das ist an sich ein alter Topos der politischen Theorie, früher in der Form vertreten, daß »einfache« Systeme (z. B. Tyrannis) weniger stabil seien als »gemischte«. Für neuere Formulierungen siehe etwa Michael Banton, Roles. An Introduction to the Study of Social Relations, London 1965, S. 45 ff., oder Samuel P. Huntington, Political Development and Political Decay, World Politics 17 (1965), S. 386-430 (insb. S. 399 ff.).

ten Konflikte im System, die Interdependenzen und Koordinationsbedürfnisse, der Zeitbedarf der internen Prozesse. Die Bestandsprobleme verschieben sich gleichsam von außen nach innen. Das System muß infolgedessen intern rationalere Organisations- und Verfahrensweisen und mehr Macht bereitstellen können, um diese hohe innere Komplexität bewältigen, das heißt in sinnvoll orientiertes Handeln umsetzen zu können. Das Ausmaß institutionalisierbarer Macht ist eine Variable, die neben anderen mitbestimmt, wie komplex die subjektive Umwelt des Systems sein kann, nämlich die Umwelt, an der das System Handlungen orientiert.

Daß diese Überlegungen die Prämissen der klassischen Machttheorie revolutionieren, wird deutlich, wenn man das Verhältnis von Zeit, Kausalität und Selektion genauer bedenkt. Die Möglichkeiten, die die Welt dem Menschen bietet, mögen so komplex sein, wie sie wollen; die aktuelle Wirklichkeit wird dadurch nicht erweitert. Es kann immer nur etwas Bestimmtes geschehen. Der Lauf der Zeit überführt Zukunft in Vergangenheit, bestimmt das Unbestimmte, »formt« die »Materie«, reduziert die Komplexität der Welt. Daß dies geschieht, ist unvermeidlich. Die Interpretation dieses Geschehens als Kausalprozeß heißt nichts anderes, als daß es nicht nur als notwendig, sondern auch als selektiv begriffen wird. Demzufolge betrifft das Problem der Macht nicht die Vorsorge dafür, *daß* etwas geschieht, sondern ausschließlich die Frage, *was* geschieht. Auch Unterlassen einer Abwendung dessen, was sowieso geschieht, ist daher Machtausübung.[67]

In einer Systemtheorie, die diese Grundgedanken verfolgt, muß der Machtbegriff unter dem Gesichtspunkt der Erfassung und Reduktion von Komplexität definiert werden.[68] Auch diese Überlegung führt mithin dazu, an Kommunikationen, die Macht anwenden, den Aspekt der Selektivität, und nicht nur den Aspekt der sichergestellten Wirksamkeit, für wichtig zu halten. Macht ist selektionsbedingte Selektion, verstärkt also die Selektionskraft und steigert so die mögliche Komplexität eines Systems. Einzelne Menschen haben nur eine sehr geringe Kapazität für selektive Informationsverarbeitung. In sozialen Systemen, die eine Mindestschwelle der Komplexität ihrer Umwelt und ihrer Struktur überschreiten wollen, wird es daher unumgänglich, daß der eine sich auf Selektionsleistungen des anderen stützt, sich also eine gewisse Arbeitsteilung in der Informationsverarbeitung einspielt. Dazu müssen Formen geschaffen werden, in denen der einzelne fremdreduzierte Komplexität als Prämisse des eigenen

67 Daß diese Art von Machtausübung in der klassischen Theorie nicht konstruierbar ist, hatten wir bereits oben, S. 19, gesehen.

68 Eine solche Konzeption scheint auch bei Crozier, Le phénomène bureaucratique, a. a. O. (Anm. 8), vorausgesetzt zu sein, wenn auch unter Umkehrung des Verhältnisses von Bedingung und Folge. Crozier zeigt (S. 193 ff.), daß in eingehend organisierten Sozialsystemen Macht dort anfällt, wo noch Ungewißheit besteht und abzuarbeiten ist, also bei noch unbestimmter Komplexität.

Verhaltens übernimmt. Die Reduktion von Komplexität auf bestimmten Sinn muß an einer Stelle geleistet und dann durch Kommunikation übertragen werden können, und zwar so, daß der Empfänger der Kommunikation die Informationsverarbeitung nicht erneut leistet, sondern voraussetzt.

Wenn es überhaupt eine Einzelursache der Macht gibt, so liegt sie in dieser geringen Fähigkeit zur Informationsverarbeitung, in dem Bedürfnis nach »Entlastung«,[69] und nicht etwa in einem »Machttrieb«.[70] Eine solche Ursachenfeststellung führt indes nicht sehr weit. Wir befinden uns mit den bisherigen Überlegungen auf einer zu allgemein gefaßten Problemebene. Nicht jedes Sichabstützen auf fremde Gedankenarbeit, nicht jede Selektivitätsverstärkung ist Folge oder Ausdruck eines Machtverhältnisses. Wollten wir den Machtbegriff so überdehnen, würde die Systemtheorie in der Tat den Kontakt mit den Tatbeständen verlieren, welche die klassische Machttheorie vor Augen hatte, und man würde aneinander vorbeireden. Den Zusammenhang können wir durch einen entsprechend weit gefaßten Begriff des »Einflusses« vermitteln.[71]

---

69 Im Sinne von Arnold Gehlen, Der Mensch. Seine Natur und seine Stellung in der Welt, 6. Aufl., Bonn 1958.

70 Eine Auffassung, die man sogar heute noch vertreten findet, z. B. von George E. G. Catlin, Systematic Politics. Elementa Politica et Sociologica, Toronto 1962, S. 239.

71 Diese Wortwahl kommt dem üblichen Sprachgebrauch insofern entgegen, als unter Einfluß im allgemeinen der weitere, weniger scharf konturierte Tatbestand verstanden wird. Im übrigen gehen in der einschlägigen Literatur die Begriffe Ein-

Als Einfluß wollen wir jede Kommunikation bezeichnen, die durch Entscheidung reduzierte Komplexität überträgt. Einfluß liegt also immer dann vor, wenn die Selektionsleistung eines Teilnehmers durch Mitteilung einem anderen bekanntgemacht und von diesem im Ergebnis als Einschränkung seiner Möglichkeiten des Erlebens und Handelns akzeptiert wird, ohne daß er die Selektion selbst als eigene vollzieht.[72] Dabei ist sowohl an Fälle zu denken, in denen eine verdichtete Information als Ergebnis fremder Informationsverarbeitung geglaubt und übernommen wird (zum

---

fluß, Macht, Autorität, Führung so stark ineinander über, daß jede Präzisierung den Charakter einer eigenwilligen Begriffsfestlegung annimmt.

72 Der Gedanke der »unkritischen« Übernahme einer Mitteilung als Prämisse eigenen Verhaltens wird häufig auch zur Definition des Begriffs der »Autorität« benutzt. Siehe z. B. Chester I. Barnard, The Functions of the Executive, Cambridge (MA) 1938, S. 161 ff.; Herbert A. Simon, Das Verwaltungshandeln. Eine Untersuchung der Entscheidungsvorgänge in Behörden und privaten Unternehmen, Stuttgart 1955 (dt. Übers.), und ausführlicher ders., Authority, in: Conrad M. Arensberg u. a. (Hrsg.), Research in Industrial Human Relations, New York (NY) 1957, S. 103-115; David Easton, The Perception of Authority and Political Change, in: Carl J. Friedrich (Hrsg.), Authority (Nomos I), Cambridge (MA) 1958, S. 170-196; Johnson, Sociology, a. a. O. (Anm. 4), S. 298; Harvey Leibenstein, Economic Theory and Organizational Analysis, New York (NY) 1960, S. 156 ff., und im übrigen bereits George Cornewall Lewis, An Essay on the Influence of Authority in Matters of Opinion, London 1849, S. 6 f. Normalerweise wird diese Definition der Autorität aber dem Einflußbegriff entgegengesetzt.

Beispiel: Pariser sind unfreundlich; man trägt wieder Hüte; Rußland bedroht uns; usw.), als auch an Fälle, in denen die Selektion sich bereits auf das Handeln selbst bezieht, also die Form einer Information über richtiges Handeln annimmt. Es genügt, daß der Bereich der Alternativen des Beeinflußten eingeengt wird, auch wenn die Verengung noch einen mehr oder weniger großen Entscheidungsspielraum offenläßt. Und es soll begriffswesentlich sein, daß diese Einengung durch Kommunikation erfolgt, also nicht allein durch strukturelle Ordnungsvorgaben, geglaubte Selbstverständlichkeiten, angenommene Eigenschaften der Welt. Für Einfluß ist im Unterschied zu Wahrheit daher typisch, daß andere Möglichkeiten an sich denkbar bleiben, die Selektivität der Mitteilung bewußt ist und Zweifel nicht ausgeschlossen werden können.

Ohne Existenz von Einfluß wäre die Kongruenz menschlichen Sinnerlebens auf Zufall angewiesen, und das bedeutete, da niemand ohne ausreichenden sozialen Konsens Sinn erleben könnte, daß nur eine extrem einfache Welt möglich wäre, die allen Menschen mehr oder weniger das gleiche Erleben suggeriert. Jeder komplexere Weltentwurf setzt einflußnehmende Kommunikation voraus. Auch das würde aber noch nicht sehr weit führen, wenn der Einfluß selbst sich rein zufällig, nämlich allein aus der Situation heraus, ergäbe. Einfluß muß über die Einzelsituation hinaus *generalisiert* und damit *erwartbar* werden. Denn nur wenn Einfluß erwartungsgemäß geübt wird, kann der Beeinflußte sich in seiner unkritischen Haltung sicher fühlen, und nur in Form erwartbarer Beziehungen können Einflußprozesse zum Moment der Struktur sozialer Systeme werden.

Durch diese Überlegungen gewinnt die Frage nach der Macht ein deutlicheres Profil. Macht ist im Bereich derjenigen Tatbestände zu suchen, durch die Einfluß generalisiert wird. Die Funktion der Macht kann im groben als *Generalisierung der Relevanz individueller Entscheidungsleistungen* umschrieben werden.[73] Die weitere Untersuchung wird sich an diesen Leitfaden halten und zu klären versuchen, in welchen Richtungen und durch welche Mechanismen in sozialen Systemen Einfluß generalisiert wird.

---

73 Diese Formulierung bleibt durchaus vergleichbar mit den von den Wirtschaftswissenschaften her konzipierten, entscheidungstheoretischen Ansätzen zu einer Machttheorie, bei welchen es letztlich immer um Aussagen geht »about the way in which individual choices (or behavior) are transformed into social choices« (March, The Power of Power, a. a. O. [Anm. 30], S. 49).

III. Generalisierung von Einfluß

Wie in der Kausaltheorie die einfache Kausalbeziehung, so ist in der Machttheorie die einfache Einflußbeziehung ein letztlich unvorstellbarer, analytischer Grenzfall. Unter einfacher Einflußbeziehung soll der Fall verstanden werden, daß A in der konkreten Situation selbst die Motive schafft und mitteilt, die B bewegen, die von A bestimmte Alternative zu wählen. Praktisch ist dieser Grenzfall undenkbar. Jeder Einfluß setzt ein Mindestmaß an Vorverständigtsein, setzt auch unter Unbekannten bestimmte Erwartungsmuster voraus, ein Sicherkennen als Menschen bestimmten Typs mit bestimmten Intentionen, Sprache usw. Es können im strengen Sinne also nie alle Motive der Übernahme von Verhaltensprämissen in der Situation geschaffen werden. Einfluß beruht auf der Entlastung der Situation durch Strukturen und hängt damit immer von einem sozialen System ab, das zumindest auf einer sehr allgemeinen Ebene wechselseitigen Erwartens konstituiert sein muß.

Davon ist auszugehen. Die Frage kann deshalb nicht sein, ob soziale Systeme den »natürlichen« Einfluß des einzelnen stärken und eingrenzen, ihm gleichsam als Instrument und verlängerter Arm dienen können – das wäre wiederum die Position der von Bedürfnissen ausgehenden klassischen Theorie, die freilich immer schon in mannigfacher Weise durchbrochen worden ist –, vielmehr muß präziser gefragt werden, welche Systemvariablen Einflußprozesse steuern und wie.

Um Einflußausübung als Selektionsleistung untersuchen zu können, müssen wir zunächst die Zahl der Handlungsmöglichkeiten in einem sozialen System (das heißt die Komplexität des Systems) als Variable begreifen.[74] Die Steigerung der Möglichkeiten eines Systems besagt indes nicht, daß mehr Möglichkeiten Wirklichkeit werden. Das Aktualisierungspotential des Menschen bleibt im wesentlichen konstant,[75] nur der Bereich, aus dem gewählt werden kann, vergrößert sich, und das bedeutet zunächst, daß jedes »Ja« mehr »Neins« verantworten muß.[76] Bei steigender Komple-

---

74 Zuweilen wird schon dies, die Zahl der Möglichkeiten, als Macht angesehen. Carl Kaysen, The Corporation: How much Power? What Scope?, in: Edward S. Mason (Hrsg.), The Corporation in Modern Society, Cambridge (MA) 1959, S. 85-105, definiert z. B. die Macht eines Handelnden als »the scope of significant choice open to him« (S. 85). Ähnlich Abramson/Cutler/Kautz/Mendelson, Social Power and Commitment, a. a. O. (Anm. 33). Dabei ist aber natürlich vorausgesetzt, daß die Wahl auch effektiv und unter Überwindung des Widerstrebens anderer ausgeübt, mit anderen Worten: die Komplexität auch reduziert werden kann.

75 Gewisse Ausweitungsmöglichkeiten liegen in einer Beschleunigung des Erlebens und Verhaltens unter dem Druck knapp werdender Zeit und natürlich in einer Vermehrung der Zahl der Menschen.

76 Dazu treffend: Geoffrey Vickers, The Undirected Society. Essays on the Human Implications of Industrialization in Canada, Toronto 1959, S. 75, S. 107 u. ö.

xität der Systeme muß deshalb die Selektionsleistung der Entscheidungsprozesse verstärkt werden, und das erfordert zunehmend überlegte Organisation. Je mehr Alternativen zur Verfügung stehen, um so schwieriger wird die Reduktion aller Möglichkeiten auf eine, um so entscheidungsreicher muß die Kommunikation werden, die festlegt, daß in bestimmter Weise und nicht anders gehandelt werden soll, und um so größer ist der Einfluß dessen, der diese Kommunikation auswählen kann.[77]

Die Mechanismen, durch die ein soziales System den Anforderungen steigender Komplexität gerecht werden kann, lassen sich auf zwei Grundformen zurückführen: auf Differenzierung und auf Generalisierung. Die Differenzierung eines Systems steigert die Komplexität des Systems[78] und hat zur Folge, daß im System im ganzen mehr Möglichkeiten gegeben sind, als für den einzelnen verfügbar sind. Das wiederum bedeutet, daß die Möglichkeiten der einzelnen Teilnehmer

---

77 Die »Größe« des Einflusses ist mithin nichts anderes als der Informationswert einer akzeptierten Kommunikation im Sinne der Informationstheorie. Ob dieser Informationswert praktisch auch meßbar ist, ob insbesondere die Zahl der Möglichkeiten abschließend definiert ist und die Zahl einfacher binärer Entscheidungsschritte, die zu ihrer Bewältigung notwendig sind, festgestellt werden kann, ist eine andere Frage.

78 In der kybernetischen Systemtheorie wird der Begriff der Komplexität häufig durch Differenzierung *definiert*; siehe z. B. den Begriff der »variety« eines Systems bei W. Ross Ashby, An Introduction to Cybernetics, London 1956, S. 121 ff.

des Systems nicht identisch sind.[79] Der eine weiß, was andere nicht wissen; der eine kann, was andere nicht können; der eine verfügt über etwas, über das andere nicht verfügen können. Eine solche asymmetrische Lage ist Voraussetzung dafür, daß Einfluß überhaupt zustande kommt. Die Organisierung dieses Gefälles zu einer typischen und erwartbaren Struktur ist Voraussetzung dafür, daß Einfluß über die Situation hinaus generalisiert werden kann. Alle Formen der Einflußgeneralisierung: Macht, Autorität und Führung, beruhen auf Rollendifferenzierung und werden durch sie erforderlich. Daraus ergibt sich die Hypothese, daß die *Generalisierung* von Einfluß in Zusammenhang steht mit einer strukturbedingten *Differenzierung* der Horizonte des Erlebens und Handelns, und daß in dieser Differenzierung zugleich die Mechanismen zu suchen sind, die den Einfluß generalisieren.[80]

---

79 Im Gegensatz zum differenzierten sozialen System wäre ein einfaches System gegeben, wenn alle Teilnehmer dieselben Möglichkeiten des Erlebens und Handelns haben – wohlgemerkt: *Möglichkeiten*! Daß alle auch faktisch dasselbe erleben und tun, ist natürlich ausgeschlossen. In einfachen Systemen gibt es deshalb kein strukturbedingtes Gefälle, und aller Einfluß ist, vom System her gesehen, zufällig und funktionslos. Solche Systeme ohne Rollendifferenzierung gibt es in der Wirklichkeit natürlich kaum. Versuche der Annäherung, man denke etwa an den israelischen Kibbuz, zeigen aber in ihrer Ideologie neben einer prinzipiell egalitären Verteilung der Chancen immer auch einen Verzicht auf Macht als Mittel der Reduktion von Komplexität.

80 Daß zunehmende Differenzierung sozialer Systeme eine stärkere Generalisierung der gemeinsamen Orientierungen und

Durch Generalisierung wird der Einfluß relativ unabhängig von der konkreten Situation stabilisiert. Diese Ablösung von der Situation wird dadurch erreicht, *daß der Beeinflußte B sich nicht nur an der konkreten Kommunikation des A orientiert, sondern dessen Alternativen mit berücksichtigt*, und zwar Alternativen, die relativ generell und situationsunabhängig gegeben sind. Es ist mithin die wahrgenommene Selektivität einer Kommunikation, die ihr Einflußwert gibt (und erst in zweiter Linie kann die Möglichkeit, zu wählen, Folge eines schon vorher gesicherten Einflusses sein).[81]

Interaktionsmechanismen erfordert, ist eine alte, neuerdings von Parsons besonders nachdrücklich aufgegriffene Einsicht. Siehe z. B. Talcott Parsons: Durkheim's Contribution to the Theory of Integration of Social Systems, in: Kurt H. Wolff (Hrsg.), Emile Durkheim 1858-1917, Columbus (OH) 1960, S. 118-153 (hier S. 130 ff.); ders., Some Considerations on the Theory of Social Change, Rural Sociology 26 (1961), S. 219-239; ders., Societies. Evolutionary and Comparative Perspectives, Englewood Cliffs (NJ) 1966, passim, z. B. S. 45. Sie bedarf jedoch einer präziseren Ausarbeitung durch den Nachweis, welche konkreten Ansatzpunkte für die Ausbildung generalisierender Mechanismen durch die Systemdifferenzierung mitgeliefert werden und weshalb es nicht nur Zufall, andererseits aber auch keineswegs notwendig ist, daß differenzierte Systeme diejenigen generalisierenden Mechanismen, die sie benötigen, auch tatsächlich ausbilden und institutionalisieren können.

81 Diese Umorientierung ist eine Konsequenz unseres Entschlusses, Kausalität nicht durch die »Kraft« von Ursachen oder die »gesetzliche Notwendigkeit« einer Beziehung von Ursache und Wirkung zu begreifen, sondern als selektiven Prozeß der Reduktion von Komplexität. Sie schließt im üb-

Die Entstehung, Wirksamkeit und Generalisierung von Einfluß kann demnach nicht auf eine besondere Kraft des Überzeugens, Zwingens oder was immer zurückgeführt werden, die den mitgeteilten Sinn gleichsam zusätzlich auflädt und ihm Nachdruck verleiht – das würde uns in sehr alte Mythologien zurückwerfen. Vielmehr ergibt sich die Übertragbarkeit von Selektionsleistungen aus der Gemeinsamkeit des Weltentwurfs, die eine gewisse Interdependenz der Möglichkeiten und Selektionsleistungen immer schon konstituiert hat. Die Generalisierung von Einfluß beruht vor allem darauf, daß es bestimmte Alternativen gibt, die generell stabilisiert sind und dadurch Selektionsprozesse strukturieren. Das können gemeinsam festgehaltene Werte, Normen oder Zwecke sein, die Entscheidungen legitimieren, aber auch Alternativen, die für die Beteiligten keineswegs dasselbe bedeuten und gerade deswegen ein Einflußgefälle erzeugen, wenn das System sie permanent nahelegt. Man denke an den Verlust der Mitgliedschaft im System, die Überlastung mit Ungewißheit, den Verlust des Zusammenhangs mit der Geschichte, insbesondere mit der eigenen Selbstdarstellungsgeschichte, den Verlust des normalen Konsenses

---

rigen nicht aus, daß im Prozeß der *Potenzierung* von Einfluß auch das umgekehrte Fundierungsverhältnis wirksam wird, daß nämlich Einfluß, der auf Grund seiner Selektionsleistung stabilisiert wird, dann gesteigert werden kann und, wie Kapital oder Vertrauen, neue Wahlmöglichkeiten eröffnet. Es wäre aber verfehlt, die Machttheorie auf diesen *sekundären* Prozeß der Machtsteigerung zu *begründen.*

über die Welt als Verständigungsgrundlage, die Gefahr des technischen Zusammenbruchs eines Systems, von dem man abhängig ist, und so fort. Die Vermeidung physischen Kampfes ist nur eine dieser Alternativen, deren Permanenz den begünstigt, der sie ohne Gefahr für sich selbst mit einem scharfen Entweder/Oder zur Wahl stellen kann.

Diese sehr allgemein formulierte Ansicht, daß die Kommunikation nur durch ihre Selektivität Einfluß haben könne und daß daher die Struktur der Möglichkeiten, die gewählt bzw. nicht gewählt werden, den Einfluß reguliere, bedarf der Ausarbeitung. Dabei stoßen wir auf die in der Machttheorie bisher kaum recht gewürdigte Schwierigkeit, daß es *mehrere verschiedene Dimensionen der Generalisierung von Einfluß* gibt.[82] Es müssen im groben zeitliche, sachliche und soziale Generalisierung unterschieden werden, je nachdem, ob die Zeitpunkthaftigkeit, die thematische Konkretheit oder die Begrenztheit der zustimmenden Teilnehmer einer Situation transzendiert wird.[83] Um dafür ein-

---

82 Gelegentlich ist das Problem der Mehrdimensionalität der Macht bereits registriert worden, jedoch in einem etwas anderen Sinne und vor allem im Hinblick auf die Schwierigkeiten der Messung, die sich daraus ergeben. Siehe etwa Dahl, The Concept of Power, a. a. O. (Anm. 16); Dorwin Cartwright, A Field Theoretical Conception of Power, in: ders., Studies in Social Power, a. a. O. (Anm. 3), S. 183-220, oder Tannenbaum, An Event-Structure Approach to Social Power and to the Problem of Power Comparability, a. a. O. (Anm. 54).

83 Dahl, The Concept of Power, a. a. O. (Anm. 16), wählt von fünf Variablen, die seiner Ansicht nach den Machtbegriff de-

deutige Begriffe zu haben, soll zeitlich generalisierter Einfluß *Macht*, sachlich generalisierter Einfluß *Autorität* und sozial generalisierter Einfluß *Führung* genannt werden.[84] Diese Richtungen der Generalisierung lassen sich selbstverständlich nur analytisch trennen. Sie schließen einander nicht aus, setzen einander sogar in weitem Umfange voraus, da Autorität ohne jede zeitliche und soziale Generalisierung, Führung ohne jede zeitliche und sachliche Generalisierung und schließlich Macht ohne jede sachliche und soziale Generalisierung kaum möglich sein dürfte. Im einzelnen können derartige Interdependenzen aber nur untersucht werden, wenn zunächst Klarheit darüber geschaffen ist, welche sozialen Mechanismen die Generalisierung in den einzelnen Dimensionen bewirken, und dazu müssen wir wie gesagt klären, wie der Empfänger einer Kommunikation sich an den Alternativen des Absenders, also an der Selektivität der Kommunikation, orientiert.

---

finieren, drei (den Unterworfenen betreffende) als vergleichsrelevant aus und kommt dabei von ganz anderen Ausgangspunkten her zu einem überraschend ähnlichen Schema. Die drei Variablen sind: scope of power (sachliche Reichweite), number of comparable respondents (soziale Generalisierung) und change in probabilities (zeitliche Generalisierung der Annahmebereitschaft, allerdings nicht als Permanenz, sondern als Wechsel erfaßt). Ganz ähnlich auch Abraham Kaplan, Power in Perspective, In: Kahn/Boulding, Power and Conflict in Organizations, a.a.O. (Anm. 31), S. 11-32 (hier S. 13 ff.).

84 Diese Terminologie habe ich auch benutzt in: Niklas Luhmann, Funktionen und Folgen formaler Organisation, Berlin 1964, S. 123 ff.

Zeitlich läßt Einfluß sich generalisieren und zur Macht ausbauen dadurch, daß der Machthaber bekanntermaßen über Alternativen verfügt, die er immer wieder in völlig verschiedenen Situationen wählen könnte und die für seine Partner durchweg, also wiederum in all diesen Situationen, nachteiliger sind als das Befolgen der Wünsche des Machthabers.[85] Jene Alternativen lassen sich auf zwei Grundtypen zurückführen. Der erste, bekanntere, ist die Anwendung überlegener physischer Gewalt. Der andere ist der Rückzug aus der Kooperation, die Möglichkeit, unabhängig zu leben.[86] In beiden Fällen muß die zeitliche Generalisierung als Variable gesehen werden: Die Chance, in künftigen Situationen Macht ausüben zu können, ist mehr oder weniger unsicher. Die Macht ist um so si-

---

85 Als einen andersartigen Versuch, die zeitliche Generalisierung von Einfluß mit den Begriffen der behavioristischen Psychologie zu erfassen, siehe J. Stacy Adams/A. Kimball Romney, A Functional Analysis of Authority, Psychological Review 66 (1959), S. 234-251. Da dieser Psychologie ein ausreichender Systembegriff fehlt, muß sie die Generalisierung aus wenigen Verhaltensbedingungen und vor allem Verhaltenssequenzen herleiten und dabei unhaltbare Voraussetzungen über Kausaldetermination des Verhaltens der Beteiligten machen, wie z. B.: »Their responses are completely determined, except on their very first occurrence, by their previous reinforcement history and by antecedent stimulus conditions« (S. 237).

86 Diese beiden Alternativen entsprechen den Grundproblemen der Bedrohtheit durch andere und der Angewiesenheit auf andere (metus et indigentia), welche die alteuropäische ethisch-politische Philosophie der Gesellschaft geprägt haben, vgl. oben, S. 8.

cherer und zeitfester, je mehr Situationen durch jene Überlegenheitsbedingung dank eigener Kraft oder Unabhängigkeit regiert werden. Und dazu gehört wie gesagt nicht nur, daß der Machthaber diese Alternativen besitzt, sondern auch, daß ihre Benutzung von seinem Partner immer wieder, Situation für Situation, als vergleichsweise nachteilig empfunden wird.

Wenn eine solche Überlegenheit typisch auch ohne Kenntnis der Einzelheiten künftiger Situationen vorausgesehen werden kann, gegen den Wechsel der Situationen also relativ indifferent ist und in diesem Sinne generell gilt, liegt es nahe, sie durch Zuerkennung eines höheren Status zu honorieren. Dem Überlegenen wird dadurch seine Kraft oder seine Unabhängigkeit gleichsam abgetauscht gegen ein generell stabilisiertes *Recht* zur Machtausübung. Er spart dadurch das Risiko und die Kosten seiner Alternativen, Gewaltanwendung oder unabhängiges Leben, und er konzediert dafür gewisse Begrenzungen seiner Machtausübung. Sie ist nicht mehr natürliche Macht, sondern wird durch bestimmte Kompetenzen definiert und in dieser Form sichergestellt.

Es ist wohl kein Zufall, daß Macht, die auf Grund von Kompetenzen als Recht ausgeübt wird, oft auch Autorität heißt,[87] denn sie muß zugleich sachlich generalisiert und begrenzt sein. Der natürlichen Autorität

87 So namentlich im angelsächsischen Sprachgebrauch, wo neben einer neueren Bestimmung der Autorität durch faktisches Befolgen immer noch ein älterer, auf ein Recht zum Befehl abstellender Autoritätsbegriff vertreten wird.

liegen indes andere Mechanismen sachlicher Generalisierung zugrunde. Während die *zeitliche* Generalisierung von Einfluß zu Macht darauf beruht, daß der sich Fügende sich am möglichen *künftigen* Handeln des Machthabers orientiert, hat *Autorität* ihr Fundament in *vergangener* Bewährung, beruht also auf Geschichte: Der Rat eines Mitmenschen hatte mehrfach Erfolg gehabt, seine Meinungen hatten sich als richtig herausgestellt, er hatte seine Äußerungen auf Rückfrage begründen können. Solche Erfahrungen werden dann gedeutet, erklärt, der Person oder bestimmten Qualitäten der Person zugerechnet und dadurch generalisiert. Es bildet sich Autorität dadurch, daß der Rat auch in anderen »ähnlichen« Fällen in Anspruch genommen, die Meinung auch sonst als richtig unterstellt wird. Auf Grund der Vorerfahrungen können einzelne Äußerungen relativ kritiklos als richtig oder maßgebend angenommen werden, und Autorität bekommt dann einen berechenbaren, auch zeitlich relativ stabilen Einflußwert.[88] Dabei kann die Symbolisierung der Autorität je nach der Erklärung ihres Erfolgs und deren Gründen variieren, und dadurch bilden sich unterschiedliche

88 Nicht aber kann umgekehrt die kritiklose Annahme einer Kommunikation als definierendes Kriterium der Autorität verwendet werden, denn dafür gibt es zu viele, völlig heterogene Motive. Eine solche Definition des Autoritätsbegriffs findet sich jedoch häufig und entspringt zumeist dem Bestreben, die rechtliche Definition zu überwinden. Vgl. die Angaben oben, Anm. 72. Sie ist jedoch nicht genügend scharf, um die sozialen Mechanismen präzise zu erfassen, die Autorität als besondere Form von Einfluß stabilisieren.

Autoritätstypen, zum Beispiel magisch oder religiös auserwählte, persönliche, fachliche oder rollenfunktionale (auf positionsbedingtem Wissen und Kontakten beruhende) Autorität.[89]

Ähnlich wie Macht kann auch Autorität durch Formalisierung und Ablösung von ihren realen Grundlagen gewinnen; zumindest einige ihrer Typen sind solcher Festigung zugänglich. Es gibt »operationale Zeichen« religiöser Berufung oder fachlicher Qualifikation – etwa die Koinzidenz seltener Ereignisse, das Bestehen von Prüfungen oder die Berufung in Ämter. Der Glaube an Zeichen dieser Art wird sich typisch dort an die Stelle einer Erfolgskontrolle setzen, wo diese schwierig zu operationalisieren ist, also bei sehr komplex bedingten Wahrheiten oder Wirkungen. Äußere Kriterien erleichtern das Erkennen der Autorität. Sie haben ihre Hauptfunktion aber nicht mehr in der sachlichen, sondern in der sozialen Generalisierung von Einfluß: Sie stellen Konsens in Aussicht und gewährleisten damit zugleich, daß niemand sich

89 An Autoritätstypologien fehlt es in der Literatur nicht. Sie haben aber im allgemeinen kein einheitliches Konstruktionsprinzip. Siehe an neueren Zusammenstellungen etwa Robert L. Peabody, Perceptions of Organizational Authority: A Comparative Analysis, Administrative Science Quarterly 6 (1962), S. 463-482, mit einem Überblick über ältere Einteilungen, sowie ders., Organizational Authority. Superior-Subordinate Relationships in Three Public Service Organizations, New York (NY) 1964; Robert T. Golembiewski, Authority as a Problem in Overlays. A Concept for Action and Analysis, Administrative Science Quarterly 9 (1964), S. 23-49.

blamiert, wenn zum Beispiel der, der der Autorität des »approbierten« Arztes folgt, trotzdem stirbt.

Obwohl jede Autorität ein Mindestmaß an sozialer Stützung voraussetzt – zum Beispiel in den Kriterien der Erfolgszurechnung –, muß soziale Generalisierung des Einflusses von den autoritätsbildenden, sachlich generalisierenden Prozessen unterschieden werden. Einfluß ist sozial generalisiert, wenn er sich auf mehrere Personen erstreckt, von denen die einen ihn annehmen, weil die anderen ihn annehmen. Bestätigungs- und Verstärkungsprozesse dieser Art ermöglichen Führung.

Auch soziale Generalisierung von Einfluß geht darauf zurück, daß der Beeinflußte sich in der Einzelsituation, sie transzendierend, an beständig bestehenden Alternativen orientiert, und zwar hier an den Alternativen des Führers, andere zu beeinflussen. Diese Alternativen haben für den Führer sowohl kostensparende als auch verstärkende Bedeutung: Sie machen ihn unabhängig von den konkreten Gehorsamsbedingungen, die ein einzelner allein ihm stellen könnte, und sie ermöglichen es ihm, den Einfluß anderer in seinen Dienst zu nehmen, also Einfluß und damit auch Macht und Autorität zu beeinflussen. Er kann zum Beispiel die physische Kraft anderer, wenn er ihren Einsatz beeinflussen kann, der seinen hinzufügen und so mit geringer Überlegenheit eine große Gruppe führen. Damit wird ein typisches Merkmal organisierter Systeme verwirklicht: mit kleiner Kraft durch strategisch placierte Selektivität große Wirkungen zu kontrollieren.

Führung bleibt in ihrer elementaren Form prekär, weil sie darauf angewiesen ist, daß die sozialen Einflußalternativen faktisch durchgehend bestehen. Das kann sich durch Kommunikation in der Gruppe rasch als Illusion erweisen. Vor allem dann, wenn der Führer nicht wirklich führt, sich also nicht auf seine sozialen Alternativen stützt, sondern Machtmittel einsetzt, also mit seiner Unabhängigkeit zu kokettieren oder physische Gewalt anzuwenden beginnt, legt er der Gruppe nahe, die Alternativen zu prüfen.[90] Aus der prekären, sozial ungesicherten Lage elementarer Führung gibt es jedoch Auswege: Vollständige Kommunikationskontrolle (Terror) ist der eine, Institutionalisierung der Führung in bestimmten Statusrollen der andere.[91]

---

90 Daß die aktuelle Benutzung solcher letzter Ressourcen der Macht als Sanktionen die Macht gefährden, ja zerstören kann, ist häufig beobachtet worden. Der Grund dafür ist, daß soziale und sachliche Generalisierung von Einfluß andere Mechanismen in Anspruch nehmen als zeitliche Generalisierung und diese Mechanismen wohl in der Potentialität, nicht aber in der Aktualität kombinierbar sind.

91 Auch in der neueren Gruppenforschung kommt die Einsicht auf, daß Führung an sich von der Funktion her ein diffus in der Gruppe verteiltes Geschehen sei, das nur in besonderen Fällen auf wenige oder gar eine einzige monokratische Rolle konzentriert werde. Siehe z. B. Thomas T. Paterson, Morale in War and Work, London 1955, S. 117 ff.; Thibaut/Kelley, The Social Psychology of Groups, a. a. O. (Anm. 54), S. 283 ff.; Harry P. Shelley, Focused Leadership and Cohesiveness in Small Groups, Sociometry 23 (1960), S. 209-216; John R. P. French/Richard Snyder, Leadership and Interpersonal Power, in: Cartwright, Studies in Social Power, a. a. O. (Anm. 9), S. 118-149, und auch die kritischen Bemerkungen bei Kenneth F. Janda,

In beiden Fällen wird es dem einzelnen nahegelegt, auf Grund der Vermutung zu handeln, daß die anderen dem Führer zu Willen sind – im Falle des Terrors, weil es zu riskant ist, die Vermutung zu überprüfen, und im Falle der Institutionalisierung, weil die Last der Initiative und des Gegenbeweises auf den abgewälzt ist, der opponieren möchte.

Als Zwischensumme können wir nunmehr festhalten, daß die elementaren Mechanismen der Generalisierung von Einfluß in solche der zeitlichen, sachlichen und sozialen Generalisierung gespalten sind und nicht ohne weiteres konvergieren. Einerseits bleibt zwar jede Art von Generalisierung instabil, wenn sie sich allein behaupten will: Macht zum Beispiel bleibt ungesichert, wenn sie sich allein auf physische Gewalt und nicht auch auf Konsens stützt.[92] Autorität bedarf ebenfalls sozialer Stützung, zum Beispiel in den Erfolgskriterien und den Zurechnungsregeln, und läßt sich in ihrer Effektivität steigern, wenn sie einen kooperativen Kontext beherrscht, also sozial auch führen kann. Führung wiederum bleibt prekär, wenn sie nicht im Grenzfall gegen einzelne abweichende Machtmittel einsetzen kann und keinen Bestand vergangener Bewährungen, also Autorität, anzusammeln vermag. Sollen einzelne

---

Towards the Explication of the Concept of Leadership in Terms of the Concept of Power, Human Relations 13 (1960), S. 345-363 (insb. S. 351 ff.).

92 Das ist ein allgemeiner Topos der politischen Theorie, der durch Plausibilität und Verbreitung allerdings nicht an Klarheit gewonnen hat.

Mechanismen in ihrer spezifischen Funktionsrichtung zur Voll-Leistung gebracht werden, setzen sie die anderen voraus. Andererseits sind die Mechanismen so verschiedenartig, daß sie sich in ihrem aktuellen Vollzug behindern und stören. Auch auf der Ebene der symbolischen Darstellung der Legitimität des Einflusses sind sie unvereinbar: Es widerspricht dem Anspruch auf Autorität, mit Sanktionen zu drohen; es verrät Schwäche in der Sanktionsdrohung, wenn man sich auf vergangene Verdienste beruft oder auf gutes Zureden von dritter Seite, also sozial umgeleitete Führungsmittel benutzt.

Solche Diskrepanzen und Blockierungen kann ein soziales System sich um so weniger leisten, je mehr es auf Generalisierung von Einfluß, das heißt auf Generalisierung der Tragweite individueller Reduktionsleistungen angewiesen ist, um Komplexität abzuarbeiten. In dem Maße, als die Komplexität des Systems und seiner Umwelt steigt, wird es daher notwendig, abstraktere, indirekter ansetzende Machtgrundlagen zu entwickeln, die jene Defekte überwinden. Das kann durch *formale Organisation der Macht* geschehen.[93]

Diese Lösung beruht darauf, daß die Motivation bestimmter Mitglieder eines Sozialsystems statt auf einzelne Handlungen oder Einflußnahmen pauschal auf die Mitgliedschaft im System bezogen wird, die als solche bestimmte Vorteile bietet. Um seine Mitglied-

---

93 Hierzu näher Luhmann, Funktionen und Folgen formaler Organisation, a. a. O. (Anm. 84), S. 123 ff.

schaft zu erhalten, unterwirft der einzelne sich der im System organisierten Weisungsgewalt und wird in den Grenzen festgelegter Entscheidungskompetenzen indifferent dagegen, was im einzelnen von ihm verlangt wird: Er erfüllt dann um seiner Mitgliedschaft willen diejenigen Verhaltenserwartungen, die jeweils nach bestimmten Regeln als verbindlich definiert werden.[94]

Genetisch gesehen, muß natürlich ein Machtgefälle auf Grund elementarer Mechanismen immer schon gegeben sein, wenn Organisationen geschaffen werden sollen, denn anders könnte nicht entschieden werden, *wer* die Mitgliedschaftsbedingungen zunächst definiert.[95] Durch Organisierung wird das System dann aber in hohem Maße unabhängig von dem Vorhan-

---

94 Diese Theorie der Pauschalunterwerfung innerhalb einer begrenzten Zone der Indifferenz scheint in der Organisationssoziologie weitgehend akzeptiert zu sein. Siehe bereits John R. Commons, The Legal Foundations of Capitalism, New York (NY) 1932, S. 284; ferner Barnard, Functions of the Executive, a. a. O. (Anm. 72), S. 161 ff.; Alvin W. Gouldner, Wildcat Strike, Yellow Springs (OH) 1954, S. 162 ff.; Simon, Verwaltungshandeln, a. a. O. (Anm. 72), S. 8 f., S. 80 ff.; Renate Mayntz, Die soziale Organisation des Industriebetriebes, Stuttgart 1958, S. 18 f., S. 21.

95 Dies zu den Bedenken von Mayntz, Theorie der Organisation, a. a. O. (Anm. 7), S. 221. Im übrigen trifft es völlig zu, daß die Organisationssoziologie bisher – mit einigen Ausnahmen, z. B. Burton R. Clark, The Open Door College. A Case Study, New York-Toronto-London 1960 – den Entstehungssituationen und -bedingungen von Organisationen kaum Beachtung geschenkt hat.

densein und den Funktionsbedingungen jener elementaren Mechanismen der Einflußgeneralisierung. Sie werden zwar nicht entbehrlich, sondern zur Steigerung der Leistung oder zur Kontrolle von Grenzfällen benötigt; aber sie werden im alltäglichen Handeln durch eine neue Art von generalisierter Motivation überformt. Einfluß wird dann in bestimmten Grenzen – zeitlich für die Dauer der Mitgliedschaft, sachlich im Rahmen definierter Kompetenzen und sozial durch Mitglieder – mit hoher Selbstverständlichkeit und fraglos akzeptiert, so daß normalerweise unentschieden bleiben kann, ob dies Akzeptieren auf Drohung mit Ausscheiden oder mit Gewaltanwendung durch die Überlegenen, auf vergangene Bewährung oder auf soziale Unterstützung zurückgeht. Einzelne dieser Ursachen können füreinander substituiert werden. Unter solchen Umständen ist es nicht mehr möglich, die Macht im System durch bestimmte empirische Ursachen, etwa angebbare individuelle Gehorsamsmotive, kausal zu erklären, weil zahlreiche äquifinale[96] Wege der Machtbildung zusammenkommen und das System durch Organisation gegen die Änderung einzelner Ursachen weitgehend indifferent geworden ist.[97]

---

96 Zu diesem Begriff siehe Bertalanffy, Zu einer allgemeinen Systemlehre, a. a. O. (Anm. 1), S. 123 ff.

97 Bereits bei Georg Simmel, Über sociale Differenzierung, Leipzig 1890, S. 5 ff., findet sich eine ähnliche Kritik der Anwendung einfacher Kausalvorstellungen auf komplexe, differenzierte Systeme. Heute ist diese Einsicht als These, wenn auch nicht in all ihren Konsequenzen, weit verbreitet.

Macht wird in der durch Organisation gegebenen Form darauf spezialisiert, individuellen Kommunikationen eine generalisierte und begrenzte Tragweite für die Reduktion von Komplexität zu geben. Diese Form und diese Leistung werden benötigt, um hohe Komplexität zu verarbeiten, um die gestiegene Zahl der Möglichkeiten ausscheiden zu können. Die besonderen Motivkonstruktionen utilitarischer Prägung, die man üblicherweise in der Machttheorie heranzieht, werden als Ursachenannahmen damit inadäquat. Gegen bestimmte Ursachen dieser Art ist die Macht weitgehend indifferent organisiert. Ihre eigentliche Ursache ist ebenso generalisiert wie sie selbst: Sie liegt in dem begrenzten menschlichen Potential für Komplexität.

Vermutlich gibt es im Hinblick auf mehrdimensionale Generalisierung von Einfluß funktionale Äquivalente für Organisation, also andere Mechanismen, die Vergleichbares leisten. Ein solches Äquivalent wäre zum Beispiel Terror. Terror entsteht, wenn Zwang oder Drohung mit Zwang nicht nur zur Durchsetzung spezifischer Absichten angewandt wird, sondern auch als symbolisches Handeln wirken soll, nämlich als Demonstration der Absicht, unabhängig von einer gegebenen Ordnung jeden beliebigen Willen, der gegen den Machtanspruch aufbegehrt, zu brechen.[98]

---

98 Diesen symbolischen Aspekt des Terrors betont besonders Thomas Perry Thornton, Terror as a Weapon of Political Agitation, in: Eckstein, Internal War, a. a. O. (Anm. 58), S. 71-99 (hier S. 73, S. 77 f.). Ein gutes Beispiel für rein symbolisch-

Ein Terrorregime kann, wenn es effektiv ist, sich von spezifischen Motivationsstrukturen weitgehend unabhängig machen, dies aber natürlich nur auf Kosten von Nebenfolgen wie Erstickung jeglicher Initiative und permanenter Gefährdung, die es ratsam erscheinen lassen, Terror möglichst rasch durch Organisation zu ersetzen.

Zusammenfassend können wir festhalten, daß jede Art von Generalisierung Grenzen erfordert und im Prozesse ihrer Ausbildung mit ausbildet – also ein System konstituiert.[99] Ohne Bestimmen und Festhalten von Grenzen der zeitlichen Inanspruchnahme, des sachlichen Geltungsbereichs und der sozialen Reichweite ist eine zugleich zeitliche, sachliche und soziale Generalisierung von Einfluß nicht möglich. Das heißt mit anderen Worten, daß alle Macht, Autorität und Führung systembegrenzt entstehen und nur durch Festigung von Grenzen selbst stabilisiert werden können. Nur durch Konstitution von Systemen ist der Mensch, wie an anderer Stelle gezeigt,[100] in der Lage, die engen Grenzen seines aktuellen Erlebens auszuweiten durch

---

expressives Terrorhandeln gibt das Regime der Täufer in Münster. Siehe dazu Otthein Rammstedt, Sekte und Soziale Bewegung. Soziologische Analyse der Täufer in Münster (1534/35), Köln-Opladen 1966, S. 79 f., S. 119 f.

99 Das ist nur eine andere Formulierung für den eingangs erwähnten Zusammenhang von Generalisierung und Differenzierung.

100 Niklas Luhmann, Soziologische Aufklärung, Soziale Welt 18 (1967), S. 97-123, neu gedruckt in: ders., Soziologische Aufklärung 1, a. a. O. (Anm. 61), S. 66-91.

Mitaktualisierung eines Komplexes von Erlebnismöglichkeiten, der dann in sozialer Kooperation auf aktuell erlebbaren Sinn reduziert werden muß.

IV. Entscheidung

Der Zusammenhang von Einflußgeneralisierung im zeitlich-sachlich-sozialen Sinne und der Komplexität von Möglichkeiten, die in einem System als systemeigene und als in der Umwelt erkennbare angelegt sind, bedarf weiterer Klärung. Im letzten Kapitel waren wir davon ausgegangen, daß es das relativ beständige Vorhandensein bestimmter Alternativen ist, was Machtbildung ermöglicht. Insofern ist der Bestand eines hinreichend komplexen Systems, das diese Alternativen konstituiert, Voraussetzung aller Machtbildung. Desgleichen setzen Autorität, Systemgeschichte und Führung institutionalisierte soziale Beziehungen voraus, – also wiederum: schon abgelaufene oder sozial vermutete Selektionsleistungen und damit System. Die Generalisierung von Einfluß gewinnt ihren Sinn und ihre Grenzen stets vor dem Hintergrund einer durch ein System konstituierten übermäßigen Komplexität von Möglichkeiten, die selektiv eingeschränkt werden müssen, um Wirklichkeit zu werden. Das ist jedoch nur ein Aspekt des Verhältnisses von Generalisierung und Komplexität. Wir müssen weiterhin untersuchen, wie Macht – diesen Begriff wollen wir unter Voranstellung der fundamentalen zeitlichen Generalisierung im folgenden weiterverwenden – die Reduktion jener Komplexität leistet, im Hinblick auf welche sie begründet wird.

Die klassische Machttheorie hatte Macht definiert als Möglichkeit, etwas Gewolltes durchzusetzen. Von dieser Prämisse her konnte sie Generalisierung allenfalls als zeitlich-sachlich-soziale Ausdehnung dieser Chance begreifen. Die Funktion selbst, das Bewirken einer Wirkung, war unabhängig vom Grad der Generalisierung denkbar. Die Systemtheorie sieht Sinn überhaupt und den Sinn von Kommunikationen in ihrer Selektivität und begreift Macht als Selektivitätsverstärkung: Mit einer Kommunikation soll möglichst viel zeitlich-sachlich-soziale Komplexität reduziert werden. Aus dieser Umbestimmung der Funktion ergibt sich eine Umpolung des Begriffs der Generalisierung: Generalisierung ist für den systemtheoretischen Ansatz Voraussetzung dafür, daß Macht ihre Funktion überhaupt erfüllt, und zwar deshalb, weil Selektivität nur in Systemen und durch Systeme verstärkt werden kann. Soll eine Kommunikation eine Tragweite erhalten, die über ihren unmittelbaren Eindruck hinausgeht, setzt das ein System von Vorverständigungen, von eröffneten und verschlossenen Potentialitäten voraus, an dem die Beteiligten sich gemeinsam orientieren. Und ferner ist die Institutionalisierung eines Mediums erforderlich, durch welches reduzierte Komplexität »weitergeleitet« werden kann. Dazu dient generalisierte Macht, die sicherstellt, daß eine getroffene Selektion auch in zeitlich-sachlich-sozial anderen Situationen beachtet und als Entscheidungsprämisse übernommen wird.

Die Frage nach der selektivitätsverstärkenden Funktion von Macht führt demnach auf das Problem des Verhältnisses von Macht und Entscheidungsprozeß, das in der heutigen wissenschaftlichen Diskussion dringend der Klärung bedarf. Zwei Gedankenentwicklungen vor allem gilt es festzuhalten, die sich bisher nicht haben zusammenfügen lassen. In der Politikwissenschaft und in der politischen Soziologie kommt im Zusammenhang mit der Theorie des politischen Systems der Gedanke auf und gewinnt an Verbreitung, das alte Kriterium für Politik, Macht, durch das Kriterium »bindende Entscheidung« zu ergänzen oder zu ersetzen.[101] Damit tritt der Prozeß der Vorbereitung solcher Entscheidungen, oft als Prozeß der Umformung von »inputs« in »outputs« begriffen,[102] in

---

101 Das gilt z.B. für Parsons' Theorie der »polity«, in der neben dem funktionalen Kriterium des »goal attainment« und dem Gedanken der Spezialisierung auf Macht als Kommunikationsmittel auch das Output-Kriterium der »binding decisions« auftaucht. Siehe dazu vor allem Parsons, The Political Aspect of Social Structure and Process, a.a.O. (Anm. 56), S. 74f., mit Erläuterungen zum Begriff der »bindingness«. David Easton spricht in ähnlichem Sinne von »authoritative allocation of values«, siehe: A Framework for Political Analysis, a.a.O. (Anm. 5), S. 108ff., insb. S. 126f., und: A Systems Analysis of Political Life, a.a.O. (Anm. 5), S. 341ff. Ähnliches ist wohl gemeint, wenn die Politik schlicht als Problemlösung definiert wird – so Herbert J. Spiro, Comparative Politics. A Comprehensive Approach, American Political Science Review 56 (1962), S. 577-595, oder Bernard, Esquisse d'une théorie structurelle-fonctionelle du système politique, a.a.O. (Anm. 55), S. 581.

102 Siehe außer Parsons und Easton namentlich Gabriel A. Almond, Introduction. A Functional Approach to Comparative Politics, in: Gabriel A. Almond/James S. Coleman (Hrsg.),

den Mittelpunkt der Theorie des politischen Systems, ohne daß der Zusammenhang dieser Auffassung mit der Machttheorie hinreichend geklärt wäre.[103] Auf der anderen Seite hat die Theorie des Entscheidungsprozesses erhebliche Fortschritte zu verzeichnen, vor allem seit sie das Problem des begrenzten menschlichen Potentials für Komplexität entdeckte und unter diesem Gesichtspunkt mit der Organisationstheorie verbunden wurde.[104] Entscheidungsprozesse können seitdem als Sequenzen selektiver Einzelschritte von je begrenzter Reichweite aufgefaßt werden und in ihrer Interdependenz mit organisatorischen Strukturen, Entscheidungsprogrammen oder persönlichen Präferenzen und Verhaltensgewohnheiten untersucht werden. Dieser Grundgedanke läßt sich natürlich, wie Organisationstheorie überhaupt,[105] auf politische Sy-

---

The Politics of the Developing Areas, Princeton (NJ) 1960, S. 3-64, und ders., A Developmental Approach to Political Systems, World Politics 17 (1965), S. 183-214.

103 Das ist einer der Gründe, weshalb der Begriff der Macht aus dem Vokabular, in dem die Theorie des politischen Systems ausgearbeitet wird, bei manchen Autoren (nicht bei Parsons!) ganz zu verschwinden droht und durch den Systembegriff ersetzt wird.

104 Das ist in erster Linie ein Verdienst Simons. Siehe an zusammenfassenden Darstellungen etwa Simon, Verwaltungshandeln, a. a. O. (Anm. 72), und, mit schärfer ausgeprägten Formulierungen, ders., Recent Advances in Organization Theory, in: Bailey u. a., a. a. O. (Anm. 38), S. 23-44, und James G. March/Herbert A. Simon, Organizations, New York-London 1958, insb. S. 136 ff.

105 Siehe dazu Herbert Kaufman, Organization Theory and Po-

steme übertragen. Wenn dennoch bisherige Versuche in dieser Richtung wenig überzeugen,[106] so liegt das vor allem daran, daß die Organisationstheorie das Verhältnis von Macht und Entscheidung im Ungeklärten beläßt bzw. sich mit der Annahme konsensueller Machtgrundlagen begnügt.[107]

Vielleicht ist dies augenblickliche Stagnieren dem Umstand zuzuschreiben, daß die Machttheorie noch im Banne ihrer klassischen Prämissen steht und man entsprechende Leistungen von ihr erwartet, während die Entscheidungstheorie wenigstens in einigen Hinsichten schon auf neuere Grundbegriffe wie Komplexität (oder Ungewißheit), System (oder Organisation), Problem und selektives Verhalten umgestellt ist. Im

---

litical Theory, American Political Science Review 58 (1964), S. 5-14.

106 Das gilt leider auch für die sehr knapp gehaltene Studie von Simon selbst: Political Research: The Decision Making Framework, in: Easton, Varieties of Political Theory, a. a. O. (Anm. 30), S. 15-24, die lediglich die Anwendbarkeit erarbeiteter Erkenntnisse im Rahmen eines politischen Systems zu belegen sucht. Vgl. auch die gerade auf dieses Problem des Politischen zugespitzte Kritik von Herbert J. Storing, The Science of Administration: Herbert A. Simon, in: ders. (Hrsg.), Essays on the Scientific Study of Politics, New York (NY) 1962, S. 63-150.

107 Hierfür typisch die Behandlung des »politischen« Elementes im Wirtschaftsunternehmen bei James G. March, The Business Firm as a Political Coalition, Journal of Politics 24 (1962), S. 662-678, und in einem weiteren Sinne überhaupt die amerikanischen Bemühungen, die Machttheorie von dem Grundgedanken einer Nutzenkalkulation aus zu entwickeln.

Zusammenhang mit diesen neueren Überlegungen interessiert das Entscheiden mehr und mehr als Vorgang und nicht mehr nur als Ereignis. Von Entschei*dung* zu sprechen, wird jetzt unklar und mißverständlich. Der Begriff des Entscheidens meint nicht nur die seltenen großen Entschlüsse, die nach reiflichem Überlegen angeblich durch eine Art inneren Ruck zustande kommen, sondern das kontinuierlich-selektive Geschehen, mit dem ein System Umweltinformationen aufnimmt und verarbeitet, um seine Reaktionen festzulegen. Entscheiden ist der Prozeßaspekt (im Unterschied zum Strukturaspekt) der Reduktion von Komplexität. In sozialen Systemen (deren Entscheidungsprozeß man von dem psychischer Systeme sorgfältig unterscheiden muß) besteht das Entscheiden mithin nicht nur in der Unterschrift, die einen Akt verbindlich macht, sondern im gesamten Prozeß der Kommunikationen, die auf dieses Ziel einer bindenden Festlegung von Verhaltensprämissen hin orientiert sind, sei es, daß diese Verhaltensprämissen für den internen Gebrauch im System festgelegt werden und so nur eine Station des gesamten Entscheidungsprozesses bilden, sei es, daß sie der Umwelt als Verhaltenserwartung des Systems mitgeteilt werden.[108]

---

108 Die »realistische« Einsicht, die diesem Begriff des Entscheidens zugrunde liegt, daß die wahren Entscheidungen bei der Vorbereitung von Entscheidungen fallen, findet sich natürlich häufig formuliert. Siehe statt anderer Thomas Ellwein, Einführung in die Regierungs- und Verwaltungslehre, Stuttgart 1966, S. 148 ff.

Ein sozialer, kooperativer Entscheidungsprozeß könnte nicht zustande kommen, wenn Kommunikation nur oder vorwiegend dazu benutzt würde, mitzuteilen, wie man sich fühlt, wer man ist oder was man gerade denkt, wenn die Kommunikation also aus einem primär expressiven oder doch multifunktionalen Verhalten bestünde.[109] Daß es das gibt und daß auch in formal organisierten Entscheidungsbürokratien »informale Kommunikation« wichtige Funktionen erfüllt, steht heute außer Frage. Die Entscheidungsleistung, nämlich die Reduktion der Komplexität auf eine bestimmte Verhaltenslinie, die das System im Verhältnis zu seiner Umwelt bindet, kommt indes nur zustande, wenn das systeminterne Verhalten in mehr oder weniger großem Umfange auf Informationsverarbeitung spezialisiert wird und wenn es in die Lage versetzt wird, verarbeitete und so verdichtete Informationen auch weiterzugeben. Die schon erbrachten Selektionsleistungen müssen erhalten bleiben, die Weitergabe schon reduzierter Komplexität muß vorhersehbar gesichert sein. Sonst – wenn in jedem Moment von jedermann alle Fragen neu aufgerollt

---

109 Daß die Verwendung von Kommunikation zur Informationsbearbeitung eine sehr künstliche und voraussetzungsreiche Einrichtung, also keineswegs in der rationalen Natur des Menschen angelegt ist, zeigt ein Blick auf das tägliche Leben in unorganisierten Gruppen ebenso wie ein Blick in einfachere Gesellschaften. Dazu vortrefflich Bronislaw Malinowski, The Problem of Meaning in Primitive Languages, in: Charles K. Ogden/Ivor A. Richards (Hrsg.), The Meaning of Meaning, 10. Aufl., London 1960, S. 296-336.

werden könnten – verlöre die Zusammenarbeit ihren Sinn.

Unter den sozialen Mechanismen, die eine Weitergabe reduzierter Komplexität ermöglichen, wäre an erster Stelle die Wahrheit zu nennen. Was immer unter diesem Begriff in der Geschichte gedacht und geleistet worden sein mag – durch die Entwicklung der neuzeitlichen Wissenschaften ist die Wahrheitspflege funktional spezifiziert und die Wahrheitsfähigkeit des Wissens entsprechend eingeschränkt worden auf intersubjektiv zwingend gewisses Wissen. Wahr ist nur jenes Wissen, das von jedermann akzeptiert werden muß, der sich der Gemeinschaft vernünftiger Menschen zurechnet. Wahrheit beruht auf der intersubjektiven Nachvollziehbarkeit desjenigen Erlebens, das die Komplexität der Möglichkeiten auf bestimmten Sinn zurückschneidet; sie erweist sich an der Übertragbarkeit von Sinn. Deren Problem ist, die Selektivität, das heißt die Unwahrscheinlichkeit jedes bestimmten Sinnes, zu erhalten und bei der Übertragung nicht zu verlieren.

Praktisch reichen die wahrheitsbildenden Mechanismen für Systeme, die entscheiden müssen, jedoch nicht aus.[110] Die Wahrheit leistet einerseits mehr, als

---

110 Siehe auch die Beobachtungen zum Auseinandertreten von Vernunft und Entscheidung, die Jürgen Habermas, Theorie und Praxis. Sozialphilosophische Studien, Neuwied-Berlin 1963, S. 231 ff., anstellt. Wenn man nur die Denkgeschichte und nicht auch die Gesellschaftsstruktur in Betracht zieht, mag diese Differenzierung freilich als unerfreulich erscheinen; ihre Funktion ist dann nicht zu erkennen.

Systeme brauchen, nämlich Übertragbarkeit auf jedermann, und andererseits weniger, da sie nicht für alle Fälle den wirksamen Ausschluß aller anderen Möglichkeiten garantieren kann. Deshalb muß es in allen Sozialsystemen, die Entscheidungen treffen müssen, parallel wirkende ergänzende Mechanismen der Übertragung reduzierter Komplexität geben – eben die Macht, bindende Entscheidungen zu treffen und dadurch Entscheidungsprämissen festzusetzen.[111]

Ist solche Macht durch die Prozesse der Generalisierung, die wir beschrieben haben, stabilisiert, kann sie als durchgehender Bezugspunkt der Orientierung

---

111 Es drängt sich auf, diesen Vergleich von Wahrheit und Macht dem Vergleich von Geld und Macht gegenüberzustellen, in dem Parsons den Kern seiner Machttheorie erblickt. Vgl. Talcott Parsons/Neil J. Smelser, Economy and Society, Glencoe (IL) 1956, S. 70 ff.; Parsons, General Theory in Sociology, a. a. O. (Anm. 3), S. 16 ff.; ders., An Outline of the Social System, a. a. O. (Anm. 3), S. 52 f., S. 66 ff.; ders., On the Concept of Influence, a. a. O. (Anm. 57), S. 38 ff. Parsons verwendet Begriffe wie Sondersprache, Steuerungssprache, generalisierte Kommunikationsmedien, Symbol, um den Vergleich zu untermauern. Trotzdem ist es ihm nicht ganz gelungen, verständlich zu machen, *was* bei der Weitergabe von Geld oder Macht eigentlich identisch bleibt und den Besitz wechselt, bzw. was durch das Symbol, das den Besitz wechselt, im Falle der Macht symbolisiert wird. Identisch bleibt und symbolisiert wird in allen drei Fällen (Wahrheit, Macht und Geld) die Ausschnitthaftigkeit einer Selektion, die Reduziertheit der Komplexität: bei Wahrheit die Bestimmtheit von Sinn, bei Macht die Gesetztheit (Positivität) von Entscheidungsprämissen und beim Geld die quantitative Begrenzung von Tauschmöglichkeiten.

des Kommunikationsprozesses dienen und die Entscheidbarkeit aller Fragen gewährleisten. Ein solches System ist nicht auf Wahrheit, das heißt auf volle Übereinstimmung mit den Reduktionsprozessen seiner Umwelt angewiesen, sondern kann seine Umwelt widerspruchsreich, also sehr viel komplexer, entwerfen.[112] Im Inneren führt diese Garantie der Entscheidbarkeit aller Fragen einmal dazu, daß nicht nur die Umwelt, sondern auch das System sich selbst Entscheidungsprämissen setzen kann.[113] Es kann sich selbst program-

---

112 Ein ähnlicher Gedanke läßt sich in der Organisationstheorie Simons dahin gehend formulieren, daß Systeme, die über Mechanismen der »Unsicherheitsabsorption« verfügen (vgl. March/Simon, Organizations, a. a. O. [Anm. 104], S. 164 ff.), eine unsichere Umwelt ertragen können, sich also »nichts vorzumachen brauchen«. March und Simon sehen auch die Auswirkungen der Verteilung dieser Unsicherheitsabsorption auf die Einflußstruktur des Systems, berücksichtigen aber nicht hinreichend, daß Macht schon vorausgesetzt werden muß, wenn überhaupt kooperative Unsicherheitsabsorption stattfinden soll.

113 Zur Illustration: Der Übergang vom »Naturrecht« zum »positiven Recht« (d. h. zum prinzipiell nur noch positiven Recht) bezeichnet eine solche Schwelle in der Entwicklung der Gesellschaft, an der die neue Autonomie des politischen Systems bewußt und seine gesteigerte Entscheidungsfähigkeit organisiert, an der Wahrheit und Macht als Übertragungsmechanismen schärfer getrennt und so die Legitimität der Macht problematisch werden mußten. Seitdem ist es undenkbar, das Recht allein auf Wahrheit zu gründen; das würde die Entscheidungsmöglichkeiten des politischen Systems zu stark beschränken, so daß es seine Funktion in einer hochkomplexen Gesellschaft nicht erfüllen und diese in sehr viel einfachere Verhältnisse zurückzwingen würde.

mieren und seine Programme dann bis auf weiteres wie Tatsachen behandeln. Zum anderen ist die Möglichkeit, alle Meinungsdifferenzen zur Entscheidung zu bringen, gegeben und wird im täglichen Verhalten vorweggenommen, so daß nur noch ausnahmsweise offene Punkte und Meinungsdifferenzen entstehen, typisch nicht mehr, als in den Entscheidungskanälen des Systems bearbeitet werden können, und im übrigen die zahllosen Informationen und Entscheidungsbeiträge in routinemäßiger Anknüpfung übernommen, eingearbeitet und weitergegeben werden.

Macht ist nach all dem keineswegs ein nur sporadisch auftretender Wille, der sich im Befehl und im Brechen von Widerstand äußert. Was so erscheint, ist nur eine von vielen Möglichkeiten, von latenter Systemmacht Gebrauch zu machen, und gewiß nicht immer die effektivste. Stärker und unwiderruflicher wird die Komplexität oft durch ein frühzeitiges Definieren von Alternativen oder Operationalisieren von Zwekken reduziert,[114] von den feineren Formen der selektiven Unaufmerksamkeit an den Grenzen des Systems oder des Dringlichwerdenlassens von Problemen ganz zu schweigen. All das sind verschiedene Formen, Systemmacht zu aktivieren und die Entscheidungsfähigkeit des Systems in vorgesehener oder nicht vorgesehener Weise sich auswirken zu lassen. Die Macht des

114 Hierzu instruktiv: Herbert A. Simon, Birth of an Organization, The Economic Cooperation Administration, Public Administration Review 13 (1953), S. 227-236.

Systems kann nie so, wie die klassische Machttheorie sich das vorstellte, in einzelnen Akten eingesetzt und zur Entscheidung von Konflikten auf die Waagschale geworfen werden.[115] Das Reduktionspotential einzelner Akte ist dazu viel zu gering. Jede Handlung muß in jedem Augenblick unter als feststehend behandelten Entscheidungsprämissen operieren und fügt sich dadurch, daß sie reduzierte Komplexität übernimmt, der Macht derer, die die Prämissen definiert hatten. Als Ganzes gesehen ist Macht ein durch Generalisierung und Organisation entstehendes permanentes Medium der Kommunikation im System, das in seiner Funktion weitgehend latent bleibt. Macht ermöglicht es, Systeme so zu organisieren, daß sie trotz hoher Komplexität entscheidungsfähig bleiben und daher auch einer sehr komplexen Umwelt gegenüber noch nach eigenen Kriterien selektiv reagieren können. Die Größe der durch Macht verfügbaren Komplexität ist das Maß der Macht eines Systems.

---

115 Wir kommen im nächsten Kapitel auf gewisse Möglichkeiten und Bedingungen einer relativen Machtzentralisierung im System zurück.

V. Reflexivität

Die Macht zu bindender Informationsverarbeitung ermöglicht die Übertragung von Selektionsleistungen und damit kollektives Entscheiden als Kooperationsprozeß. Sie dient, wie gezeigt, als generalisiertes Medium der Kommunikation, an dem der Entscheidungsprozeß sich orientiert. Diese namentlich von Parsons bevorzugte Bezeichnung als »generalisiertes Medium« läßt indes offen, wie dieses Medium im Einzelfall aktualisiert, das heißt in Kommunikation übersetzt wird. Parsons' Orientierung am Beispiel der Sprache gibt gerade hierfür zunächst wenig her. Der Vergleich kann zwar auf die strukturgebende Differenz von potentiell verwendbaren allgemeinen Zeichen und ihrem je aktuellen Gebrauch erstreckt werden. Er macht dann deutlich, was wir schon herausgefunden hatten, daß nämlich nie die ganze Macht eines Systems in einer aktuellen Situation verfügbar wird, so wenig wie je eine ganze Sprache gesprochen werden kann. Im übrigen aber ist das Sprechen von Sprache ein Problem der Selektion aus einem vorselektierten Bereich von Ausdrucksmöglichkeiten, die Anwendung von Macht dagegen ein Problem der Übertragung von Selektion. Der Vergleich muß nicht zwischen Sprache und Macht, sondern zwischen Wahrheit und Macht gezogen werden.

Auch das ist indes nur ein Ausgangspunkt. Die Frage schließt an, wie denn bei steigender Komplexität der Verhältnisse eine getroffene Selektion noch wirksam übertragen werden kann, so daß sie relativ unabhängig von individuellen Motivationsstrukturen und sachlichen Sinnalternativen über längere Dauer erhalten bleibt. Die gemeinsame Orientierung an generalisiertem Einfluß erklärt nicht genug; ist es doch gerade die Frage, wie dieses Potential Kommunikation werden und in die Wirklichkeit übersetzt werden kann. Das ist nur unter sehr einfachen Verhältnissen lediglich eine Frage der »Anwendung der Macht«, also eine Frage des Entschlusses und der Mitteilung dieses Entschlusses durch den, der als Machthaber ausgewiesen ist. Dessen Potential für Informationsverarbeitung und Kommunikation ist viel zu gering, um dem Bedarf für sichergestellte Selektion zu genügen. Je stärker Macht generalisiert wird, desto unerläßlicher wird es, ihre Anwendung als Prozeß zu strukturieren, das heißt das Verhältnis einer Vielzahl von Entscheidungen zueinander zu ordnen – oder das Potential bleibt ungenutzt und verfällt.

Diese Ordnung des Verhältnisses von Entscheidungen wird unter den Denkvoraussetzungen der klassischen Machttheorie hierarchisch vorgestellt.[116] Das ermöglichte es, im Rahmen jener Denkvoraussetzungen konsistent zu bleiben, vor allem Macht als Ursache transitiver Wirkungen zu denken und die

116 Vgl. dazu oben, S. 33.

ganze Macht des Systems sich als Besitz der Spitze der Hierarchie vorzustellen, von wo aus sie verteilt, aber auch als Ganzes im Konfliktsfall in die Waagschale geworfen werden könne. Die neuere Kritik des Hierarchiemodells[117] hat daran stark fiktive Züge enthüllt. Zugleich entstehen Versuche, die Reduktion von Komplexität durch Hierarchiebildung systemtheoretisch zu begreifen.[118] Macht läßt sich, nachdem die Reziprozität von Machtbeziehungen und von unten nach oben laufende Einflüsse entdeckt sind, nicht länger als inhärent hierarchisch definieren. Wir brauchen einen abstrakteren theoretischen Grundbegriff, der nicht auf eine hierarchische Struktur mit eindeutiger Vorrangordnung in allen Beziehungen festgelegt ist, der aber doch in der Lage ist, den Erfolg des Hierarchiemodells zu erklären. Dies leistet der Begriff der Reflexivität.

Reflexiv seien Prozesse genannt, die auf sich selbst

---

117 Siehe eine Zusammenstellung der wesentlichen Argumente und einige Literaturhinweise bei Niklas Luhmann, Zweck – Herrschaft – System. Grundbegriffe und Prämissen Max Webers, Der Staat 3 (1964), S. 129-158 (hier S. 139ff.), neu gedruckt in: ders., Politische Planung. Aufsätze zur Soziologie von Politik und Verwaltung, Opladen 1971, S. 90-112.

118 Ein bemerkenswerter Versuch in dieser Richtung ist: Herbert A. Simon, The Architecture of Complexity, Proceedings of the American Philosophical Society 106 (1962), S. 467-482. Simon setzt jedoch Hierarchie mit Differenzierung in Teilsysteme gleich und verfehlt so die eigentümliche Prozeßstruktur des Verhaltens in hierarchischen Systemen. Weder berücksichtigt noch ersetzt er das Prinzip transitiver Kausalität, das im klassischen Hierarchiebegriff mitgedacht war.

oder auf Prozesse gleicher Art angewandt werden.[119] Reflexivität bedeutet nicht wiederholende Häufung des Gleichen, sondern Steigerung der Leistung durch eine Art von Relaistechnik. Prozesse wie Denken, Lernen, Entscheiden, Beeinflussen, Tauschen, Fühlen, Werten usw. können in ihrer Selektivität dadurch gestärkt werden, daß zunächst ein Prozeß gleicher Art vorgewählt wird, daß man zunächst sein Denken bedenkt, bevor man losdenkt, erst das Lernen lernt, bevor man sich mit dem zu lernenden Stoff beschäftigt, usw. Ein gestufter Einsatz dieser Art erlaubt die Bewältigung größerer Komplexität. In dem Maße, als die Komplexität der Gesellschaft und ihres Weltentwurfs steigt, werden daher zahlreiche elementare soziale Prozesse in reflexive umgearbeitet: Das Tauschen wird durch Geld vermittelt, so daß man zunächst Tauschmöglichkeiten eintauscht und nicht schon gleich Sachen; das Denken und Forschen wird erkenntniskritisch und methodologisch vorbedacht und erforscht; das Recht wird positiviert mit Hilfe von Normen, die das Normieren normieren, und die Werte werden ideologisch dadurch, daß sie selbst bewertet werden;[120] es entsteht eine Päd-

---

119 Als Einführung des Begriffs siehe Niklas Luhmann, Reflexive Mechanismen. Soziale Welt 17 (1966), S. 1-23, neu gedruckt in: ders., Soziologische Aufklärung 1, a. a. O. (Anm. 61), S. 92-112.

120 Zu diesen beiden Reflexivformen des Normierens und des Wertens vgl. auch Niklas Luhmann, Positives Recht und Ideologie, Archiv für Rechts- und Sozialphilosophie 53 (1967), S. 531-571, neu gedruckt in: ders., Soziologische Aufklärung 1, a. a. O. (Anm. 61), S. 178-203.

agogik, um das Lehren zu lehren, eine Bürokratie, um über Entscheidungen zu entscheiden; die Liebe wird passioniert, und nicht zuletzt bemüht sich die Demokratisierung der Politik um laufende Übermächtigung der Machthaber.

Reflexivität setzt in allen Prozessen ein hohes Maß an Generalisierung von Symbolen und Erwartungen voraus, denn nur so kann die Übertragbarkeit der Selektionsleistung von dem reflexiven Vorprozeß auf die intendierten, unmittelbar sachbezogenen Prozesse gewährleistet werden. Einflußprozesse – und auf diesen Ausschnitt der Problematik reflexiver Mechanismen beschränken wir uns hier – können nur reflexiv werden, wenn das Medium, das die Übertragbarkeit reduzierter Komplexität vermittelt, generell institutionalisiert ist. Darauf sind wir bereits ausführlicher eingegangen. Generalisierung reicht jedoch allein nicht aus, um die sehr künstliche und problematische Dauerhaftigkeit reflexiven Verhaltens zu gewährleisten. Zwei weitere Bedingungen müssen hinzutreten: die *Organisierung* der Machtbeziehungen und die *Mobilisierung* der Macht in bezug auf vorgängige partikulare Bindungen.

Sollen Einflußprozesse reflexiv werden, muß Macht auf Macht angewandt werden können. Der Machthaber A muß, mit anderen Worten, seine Macht anwenden können, um die Macht der Machthaber B, C, D usw. zu dirigieren, und eventuell wird auch deren Macht noch reflexive Macht sein und sich auf den Einsatz der Macht von $B_{1,2,3,4}$, $C_{1,2,3,4}$, $D_{1,2,3,4}$ usw. beziehen.

Auf diese Weise kann die Macht des Systems weit über das Kommunikationspotential eines einzelnen hinaus gesteigert werden.

Die Organisation solcher Beziehungen hatte die klassische Machttheorie sich als transitive Hierarchie vorgestellt, in der alle Macht von der Macht der Spitze (des Machthabers A) »abgeleitet« war, wobei die Stellung der Spitze je nach dem Anwendungsbereich der Theorie als Herrschaft bzw. durch Eigentum begründet wurde. Damit wurde jedoch lediglich eine juristische Konstruktion der Delegation des Rechts zur Machtausübung bzw. eine formalorganisatorische Festlegung von Rangverhältnissen und Entscheidungskompetenzen gegeben, die nicht zugleich als Festlegung realer Kausalprozesse mißverstanden werden darf. Es ist bei einigermaßen komplexen Systemen undenkbar, alle Macht des Systems als Ursache an der Spitze zu versammeln und von dorther auszugeben.[121] Gerade weil

---

121 So hat denn auch die Organisationssoziologie, die zunächst das Organisationsmodell der klassischen Organisationslehre als Theorie des wirklichen Verhaltens überprüfte, auf Schritt und Tritt hierarchisch nicht ableitbare Machtverhältnisse entdeckt. Siehe als Resümee der älteren Literatur: Mayntz, Die soziale Organisation des Industriebetriebes, a.a.O. (Anm. 94), S. 59 ff.; ferner etwa Melville Dalton, Men Who Manage, New York-London 1959; David Mechanic, Sources of Power of Lower Participants in Complex Organizations, Administrative Science Quarterly 7 (1962), S. 349-364; Crozier, Le phénomène bureaucratique, a. a. O. (Anm. 8), S. 193 ff. Umfangreiche Forschungen, die hierarchische Struktur und faktische Einflußverteilung als zwei getrennte Variablen ansetzen, sind namentlich Tannenbaum zu verdanken. Siehe

dies unmöglich ist, braucht das System eine Organisation. Organisation ist kein Mittel zur Zentralisierung der Macht in einer einzigen Ursache, sondern ein funktionales Äquivalent dafür. Sie ermöglicht es, das System trotz diffuser Verteilung der Macht entscheidungsfähig zu halten, und zwar dadurch, daß sie festlegt, nach welchen Regeln Macht auf Macht angewandt werden kann.

Alle komplexen Systeme müssen mithin so organisiert sein, daß Macht auf Macht angewandt werden kann. Die Systemmacht – und nicht etwa die jeweils an der Spitze verfügbare Macht – muß reflexiv werden. An der Macht des Systems sind alle Mitglieder durch ihre Mitgliedschaft in originärer Form beteiligt dadurch, daß sie im System eine Rolle spielen, die Kommunikationsweisen des Systems benutzen, die permanenten Abhängigkeitsverhältnisse ausnutzen und die gemeinsame Orientierung an vergangenen oder

---

z. B. Tannenbaum, Control and Effectiveness in a Voluntary Organization, a. a. O. (Anm. 57); ders., Control in Organizations, a. a. O. (Anm. 57); Clagett G. Smith/Oguz N. Ari, Organizational Control Structure and Member Consensus. American Journal of Sociology 69 (1964), S. 623-638; Clagett G. Smith/Arnold S. Tannenbaum, Some Implications of Leadership and Control for Effectiveness in a Voluntary Association. Human Relations 18 (1965), S. 265-272. Solch ein *hierarchisch* unabhängiger Einfluß darf indes keinesfalls als *system*unabhängiger (und in diesem Sinne »rein persönlicher«) Einfluß mißverstanden werden. Er fällt dem einzelnen nur durch seine Mitgliedschaft in dem (hierarchisch strukturierten) System zu.

künftig-möglichen bindenden Entscheidungen aktivieren können.[122] Nur weil dies so ist, kann die einem Mitglied zufallende Macht auf die anderer angewandt und dadurch in ihrer Selektivität verstärkt werden. Reflexive Macht kann von oben nach unten, aber auch von unten nach oben und vor allem auch in horizontalen Kommunikationsbahnen ausgeübt werden. In all diesen Richtungen ist es möglich und im normalen Entscheidungsgang fast unerläßlich, daß Selektionsleistungen anderer als fertige Resultate übernommen werden. Nur muß das Verhalten sich dabei bestimmten Regeln fügen, vor allem der, daß die Entscheidungen der Vorgesetzten die Entscheidungsprämissen (und damit im Grenzfalle auch die konkreten Entscheidungen) der Untergebenen festlegen, also deren Entscheidungen auch aufheben oder abändern können.

Einzelheiten der Organisation, die eine Ausbildung und Steigerung reflexiver Macht ermöglichen – Fragen der Arbeitsteilung und Kommunikationsbildung, der

---

122 Dieser Auffassung kommt die These Dubins nahe, daß alle Macht im System aus funktionaler Interdependenz entstehe und in ihrer Stärke abhänge von der funktionalen Bedeutung eines Beitrags und der Exklusivität, mit der er bestimmten Stellen zugewiesen ist. Fraglich ist indes, ob funktionale Interdependenz wirklich die einzige machterzeugende Abhängigkeitslage ist. Außerdem müßten das Maß an Widerspruchsfreiheit, mit der die Teilbeträge sich ineinander fügen, und das Ausmaß und die Verteilung der Ungewißheiten im Entscheidungsgang berücksichtigt werden. Siehe Robert Dubin, Power, Function, and Organization, The Pacific Sociological Review 6 (1963), S. 16-24.

Abstimmung von Kompetenzen und Verantwortlichkeiten mit dem Prozeß der Ungewißheitsabsorption, die Möglichkeiten der Abschwächung dysfunktionaler Folgen solcher Organisation usw. –, können hier nicht ausgearbeitet werden. Statt dessen muß auf ein weiteres Erfordernis reflexiver Machtstrukturen, die Mobilisierung der Macht in bezug auf vorgängige partikulare Bindungen, eingegangen werden.

In einem ganz allgemeinen Sinne ist jede Macht davon abhängig, daß das verlangte Handeln möglich ist. Unmögliches kann nicht befohlen werden. Über den Kreis der Alternativen des Beeinflußten kann auch der Machthaber nicht hinausreichen. Dabei ist nicht nur an physische, sondern auch an wirtschaftliche und an soziale Schranken zu denken. Einem Bauern, der kein Pferd und keine Rüstung hat, kann nicht befohlen werden, mit dieser Ausrüstung auf dem Kriegsschauplatz zu erscheinen, ebensowenig wie ein Entscheiden nach sachlichen, allgemein geltenden Kriterien angeordnet werden kann, wo alle sozialen Bindungen des Menschen auf Verwandtschaftsverhältnissen beruhen. Die Machtentfaltung aller einfachen Gesellschaften findet an der geringen Zahl befehlbarer Handlungen unübersteigbare Schranken (und ebendeshalb war es auch möglich, sie über sehr begrenzte Motivstrukturen, etwa Zwang, persönliche Treue, religiöse Angstverarbeitung und ähnliches zu regieren). Wo das Leben alternativenlos in vorgeprägten Bahnen abläuft, findet Macht nur in Ausnahmefällen Anlaß und Möglichkeiten des Eingriffs. Bevor es mehr Macht geben kann, muß es zunächst mehr Freiheit geben.[123] Nur auf dem Wege über eine Steigerung der Freiheit, das heißt über eine Mobilisierung des einzelnen im Verhältnis zu bestimmten physischen, wirtschaftlichen und sozialen Bindungen, kann Macht geschaffen werden.[124] Bevor Freiheit als Schranke politischer Macht proklamiert werden konnte, mußte sie zunächst als Bedingung politischer Macht geschaffen werden.

Wenn nun Macht reflexiv werden soll, muß sie selbst aus den gleichen Gründen freigesetzt und mobi-

---

123 Vgl. hierzu Talcott Parsons, Introduction to Part Two, in: Parsons/Shils/Naegele/Pitts, Theories of Society, a.a.O. (Anm. 3), S. 239-264 (hier S. 246 f.); ferner die umfangreiche historisch orientierte Ausarbeitung dieses Gedankens von Shmuel N. Eisenstadt, The Political Systems of Empires, New York-London 1963; oder die Kontrastierung zweier entsprechender Gesellschaftsmodelle mit und ohne Mobilität bei Fred W. Riggs, Agraria and Industria, in: William J. Siffin (Hrsg.), Toward the Comparative Study of Public Administration, Bloomington (IN) 1957, S. 23-116.

124 Umgekehrt gilt übrigens das gleiche: Da das Aktualisierungspotential des Menschen praktisch konstant bleibt, kann eine Steigerung seiner Potentialitäten gar nicht zu mehr Aktualität führen, sondern allenfalls zu anderer Auswahl dessen, was er erlebend und handelnd aktualisiert. Diese Auswahl beansprucht sein ohnehin so knappes Potential für Aufmerksamkeit, so daß er sie bei steigender Freiheit immer weniger selbst treffen kann. Die Steigerung seiner Freiheit steigert daher unvermeidlich den Einfluß, dem der einzelne unterliegt. Zu ähnlichen Feststellungen kommen auch Clark Kerr/John T. Dunlop/Frederick H. Harbison/Charles A. Meyers, Industrialism and Industrial Man. The Problems of Labor and Management in Economic Growth, Cambridge (MA) 1960, S. 40.

lisiert werden. Als Gegenstand von Macht muß Macht dann nach Möglichkeit aus physischen, wirtschaftlichen und sozialen Bindungen gelöst werden, so daß ein Handlungsspielraum entsteht, der durch Entscheidung reduziert werden kann. Es darf nicht schon im voraus feststehen, was entschieden wird; noch darf es katastrophale Folgen für andere Rollenbeziehungen des Machthabers haben, wenn seine Macht in dem einen oder anderen Sinne beeinflußt wird. Soll die Machtordnung hohe Komplexität und hohe Variabilität erreichen, muß sie weitgehend unabhängig gemacht werden von physischen oder gesellschaftlichen Konstanten, die wie Vorentscheidungen wirken und die Macht festlegen könnten. Das kann im Prinzip auf zwei entgegengesetzte Weisen geschehen: Im einen Fall wird der zu dirigierende Machtträger von seinen »anderen Rollen« und nach Möglichkeit auch von seinen persönlichen Präferenzen unabhängig gemacht durch Bürokratisierung und Professionalisierung seines Handelns. Im anderen Falle wird der Machthaber, durch politischen Eingriff, von seiner Macht getrennt.

Max Webers Idealtypus der rationalen Bürokratie hält jenes erste Erfordernis der Rollentrennung durch gesellschaftliche Ausdifferenzierung in klassischer Weise fest.[125] Die soeben erörterte Fiktion, alle Macht

---

125 Siehe Weber, Wirtschaft und Gesellschaft, a. a. O. (Anm. 14), S. 825 ff. Die Interpretation dieses gedanklichen Modells unter dem Gesichtspunkt gesellschaftlicher Rollentrennung liegt auf Grund der neueren Organisationssoziologie nahe. Siehe z. B. Reinhard Bendix, Nation-Building and Citi-

leite sich von der Spitze ab, dient vor allem als Symbol für diese Freiheit von anderen Bindungen.

Nicht immer kann die notwendige Mobilität der Macht jedoch durch Trennung des Machtträgers von seinen anderen Rollen sichergestellt werden. Oft ist die komplementäre Technik leichter oder angemessener, den Machtträger seinen anderen Rollen zu belassen, ihn aber seiner Macht zu entkleiden. Auch dies wird mithin zum Erfordernis sehr komplexer, reflexiver Machtstrukturen, daß Machthaber ausgewechselt werden können, ohne daß ihre Macht für das System verlorengeht.[126] Beide Aspekte der Machtmobilität,

---

zenship. Studies of our Changing Social Order, New York-London-Sydney 1964, S. 115 ff., oder Luhmann, Zweck – Herrschaft – System, a. a. O. (Anm. 117).

126 Daß dies nur cum grano salis gilt und daß beim Auswechseln von Vorgesetzten informale, persönlich aufgebaute Macht verlorengeht (wo sie vorhanden war), ist durch zahlreiche organisationssoziologische Sukzessionsstudien belegt. Vgl. insb. Alvin Gouldner, Patterns of Industrial Bureaucracy, Glencoe (IL) 1954, und ders., Wildcat Strike, a. a. O. (Anm. 94); Paul Meyer, Die Verwaltungsorganisation, Göttingen 1962 (dt. Übers.); Herman M. Somers, The Federal Bureaucracy and the Change of Administration, American Political Science Review 48 (1954), S. 131-151; Friedrich Fürstenberg, Der Führungswechsel im Betrieb und seine sozialen Auswirkungen, Zentralblatt für Arbeitswissenschaft 10 (1956), S. 17-19; Oscar Grusky: Administrative Succession in Formal Organizations, Social Forces 39 (1960), S. 105-115; ders., Managerial Succession and Organizational Effectiveness, American Journal of Sociology 69 (1963), S. 21-31; Niklas Luhmann, Der neue Chef, Verwaltungsarchiv 53 (1962), S. 11-24. Andererseits ist natürlich zu bedenken, daß

die Rollentrennung und das Auswechseln von Personen, gehören zusammen, wenngleich man sie typisch auf verschiedenen Ebenen der Hierarchie angewendet findet. Die Rollentrennung ist bevorzugte Technik für die Mobilisierung der unteren Ränge, bei denen das persönliche Moment im Entscheidungsgang nicht so sehr ins Gewicht fällt; der Austausch von Machthabern wird dagegen in den höheren und besonders in den Spitzenämtern bevorzugt, wo die Persönlichkeit als eine Art von Programm benutzt werden und daher bei einer Änderung der Umstände geopfert werden muß.

Wie die Institutionalisierung der Bürokratie bereitet auch die Institutionalisierung des Wechsels in Machtrollen selbst zivilisierten Gesellschaften außerordentliche Schwierigkeiten. Zu beachten ist, daß es sich hierbei nicht nur um das uralte Problem des Ersatzes für ausfallende Personen handelt, sondern um einen kontinuierlichen Prozeß der Systemanpassung, durch den für jede Lage des Systems die durchgehende Anwendbarkeit von Macht auf Macht garantiert wird. Für die Lösung des Ersatzproblems hatten sich im wesentlichen zwei verschiedene Typen herauskristallisiert: die institutionell geregelte Nachfolge mit dem Nachteil, daß sie Ungeeignete auf den Thron bringen konnte, und die Auswahl ad hoc, die leicht zu Ausscheidungskämpfen führte. In ähnlicher Weise kennt auch das Problem

---

jeder Nachfolger wesentliche Requisiten der Macht sofort in die Hand bekommt und nie mit den elementarsten Rang- und Durchsetzungskämpfen ganz von vorne anfangen muß.

des opportunistischen Machtwechsels zwei verschiedene Lösungen mit je unterschiedlichen Vorteilen und Nachteilen: den institutionalisierten Dynamismus der Mehrparteiendemokratien, die den Machtwechsel als Ziel in das Zentrum des politischen Handelns rücken und dadurch in Gefahr sind, das Problem zu gut zu lösen – sehr oft wird der Machtwechsel ohne zureichenden Grund und noch öfter ohne nennenswerte Folgen vollzogen;[127] und andererseits die ad hoc Umbesetzung in Einparteiendemokratien, die von Fall zu Fall unter hoher Unsicherheit und Geheimhaltung operiert und bestenfalls gewisse mildernde Rahmenbedingungen (zum Beispiel Pensionierung und nicht Tötung der ausscheidenden Machthaber) institutionalisieren kann.[128]

---

127 Die Frage: wozu? stellt z. B. Ellwein, Einführung in die Regierungs- und Verwaltungslehre, a. a. O. (Anm. 108), S. 212.

128 Vgl. hierzu an Studien auf Grund sowjetrussischen Materials Howard R. Swearer (Hrsg.), The Politics of Succession in the USSR. Materials on Krushchev's Rise to Leadership, Boston (MA) 1962; Myron Rush, Political Succession in the USSR, New York-London 1965; Zbigniew Brzezinski, The Soviet Political System. Transformation or Degeneration, Problems of Communism 15 (1966), Heft 1, S. 1-15. Vgl. außerdem etwa John H. Herz, The Problem of Successorship Regimes. A Study in Comparative Law and Institutions, Journal of Politics 14 (1952), S. 19-40; Carl J. Friedrich, Man and His Government. An Empirical Theory of Politics, New York (NY) 1963, S. 502 ff.; Dankwart A. Rustow, Succession in the Twentieth Century, Journal of International Affairs 1 (1964), S. 104-113.

VI. Differenzierung

Die klassische Machttheorie hatte getrennte, widerspruchsvolle Bedürfnisstrukturen, also soziale Differenzierung, vorausgesetzt. Differenzierung galt ihr als vorgefundene, naturhaft vorhandene Quelle von Konflikten und damit als Anlaß zur Machtentfaltung. Diese Auffassung konnte als adäquat gelten, solange das Prinzip segmentierender Differenzierung in der Welt vorherrscht, also eine Form der Differenzierung, die annähernd gleiche Einheiten nebeneinandersetzt: Familien, Stämme, Staaten, Gesellschaften. Im Laufe der zivilisatorischen Entwicklung tritt jedoch an deren Stelle in wachsendem Umfange eine andere, leistungsfähigere Form der Differenzierung nach spezifischen Funktionen, die den Aufbau sehr viel komplexerer Systeme ermöglicht.[129] Funktionale Differenzierung zwingt zur Bildung immer umfassenderer Sozialsysteme. Diese bilden in sich nach Maßgabe spezifischer Funktionen Teilsysteme, die nun ihrerseits im Verhältnis zueinander weder gleich noch autark sein können. Solche funktionsspezifisch ausgerichteten Teilsysteme wie Kirchen, Staatsbürokratien, Kleinfamilien, Wirt-

129 Siehe hierzu namentlich die klassische Studie von Emile Durkheim, De la division du travail social, 7. Aufl., Paris 1960; ferner Simmel, Über sociale Differenzierung, a. a. O. (Anm. 97).

schaftsbetriebe, Organisationen der Krankenpflege, Schulen, Armeen usw. geraten in eine starke wechselseitige Abhängigkeit voneinander, die in der Struktur des Gesamtsystems, der Gesellschaft, als permanente Bestandsbildung verankert ist. Gewiß kommt auch segmentierende Differenzierung noch vor, aber sie muß sich nun ihrerseits funktional rechtfertigen.[130]

Für die Beschreibung der Machtverhältnisse in solchen, funktional differenzierten Sozialordnungen wird die klassische Machttheorie unangemessen. Eine eindeutige kausale Zurechnung von Machtbesitz und Machteffekt ist wegen der Komplexität der Beziehungen nicht mehr möglich. Auch die Orientierung am Extremfall des rücksichtslosen Kampfes wird zunehmend irreal. Man braucht sich, um das zu sehen, nur die Frage vorzulegen, welche Macht die Techniker haben, die für die Sicherheit des Luftverkehrs verantwortlich sind; oder die Chirurgen; oder der Vorsitzende des Haushaltsausschusses eines Parlamentes; oder die großen Ölfirmen. Weder ist in solchen Fällen eine Kausalzurechnung möglich, weil alle diese Teilsysteme ihre

---

130 Ein gutes Beispiel dafür ist die (allerdings in einfache Gesellschaften rückprojizierte) funktionale Rechtfertigung der segmentierenden Differenzierung der Politik bei M. G. Smith, On Segmentary Lineage Systems, Journal of the Royal Anthropological Institute of Great Britain and Ireland 86 (1956), S. 39-80. Man könnte ferner die These aufstellen, daß die segmentierende Differenzierung der Gesellschaft in eine Vielzahl von Kleinfamilien aufrechterhalten werden muß, weil für die Funktion der Familie eine sehr geringe Komplexität des Systems wesentlich ist.

Macht nur ausüben können, indem sie sich der Macht anderer unterwerfen und schon reduzierte Komplexität übernehmen. Noch sind extreme Dauerkonflikte denkbar, ohne daß das Gesamtsystem darin ein Problem sehen und nach funktional äquivalenten Alternativen suchen und sie finden würde, für gesperrte Einzelbeiträge und rebellierende Teilsysteme also unter dem Gesichtspunkt ihrer spezifischen Funktion einen (mehr oder weniger kostspieligen, mehr oder weniger adäquaten) Ersatz beschaffen würde.

Faktisch tritt deshalb in funktional differenzierten Gesellschaften die funktionale Interdependenz der Teilsysteme und die darin verankerten permanenten Rücksichten als Machtgrundlage weitgehend an die Stelle elementarer Machtmittel wie Treue oder Zwang. Umgekehrt gesehen, kann funktionale Differenzierung großen Stils sich nur entwickeln, wenn diese elementaren Machtgrundlagen umstrukturiert und mit spezifischen Funktionen in die neue Ordnung eingebaut werden können. Weil dies so ist, müssen die motivkräftigen *Loyalitäten* bei zunehmender funktionaler Differenzierung *mitdifferenziert* werden, und die allgemeine Wertordnung muß abstraktere, weniger unmittelbar bindende Formen annehmen (etwa auf die »Nation« bezogen werden). Aus dem gleichen Grunde ist funktionale Differenzierung nur erreichbar, wenn die Verfügung über legitimen physischen Zwang zentralisiert und selbst zu einer *spezifischen* Funktion umgebaut wird, die durch das politisch-administrative Teilsystem der Gesellschaft nach bestimmten Regeln verwaltet wird.[131] Es wird auf diese Weise gewährleistet, daß physische Gewalt allen Mitgliedern der Gesellschaft nach Maßgabe jener Regeln zugänglich ist, daß aber gleichwohl die *Zentralisierung der Entscheidungen über Gewaltanwendung keine entsprechende Konzentration der Macht zur Folge hat*, sondern Macht in einer solchen Gesellschaft nun weitgehend auf funktionale Abhängigkeiten gestützt werden muß. Nur so kann der Machtbedarf hochdifferenzierter Gesellschaften befriedigt, und nur so kann verhindert werden, daß die verfügbare Macht zurückgeschnitten wird auf das relativ geringe Kommunikationspotential derer, die die Anwendung physischer Gewalt programmieren bzw. darüber entscheiden.

Zusammenhänge dieser Art, die das Gesicht der neuzeitlichen Gesellschaften und ihrer »Nationalstaaten« geprägt haben, ließen sich nur sehr verzerrt und umständlich erfassen, wollte man weiterhin von der Annahme ausgehen, daß Macht allein auf dem Durchsetzungsvermögen im Konfliktsfalle beruhe. Entsprechend müssen auch die übrigen Prämissen der klassischen Machttheorie revidiert werden. Die Macht in einem funktional differenzierten System ist nicht transitiv, sondern mit reziproken und mit zirkulären Strukturen durchsetzt, und sie bleibt auch nicht summenmäßig konstant. Wenn nämlich die Komplexität des Systems, also die Zahl der Möglichkeiten, die zur Wahl stehen, und die Interdependenzen im System

131 Dazu näher unten, Kap. VIII.

wachsen, nimmt auch die Macht des Systems zu. Alle Teilsysteme können dann, entsprechende Organisation vorausgesetzt, mehr Macht aufbieten, um den Selektionsbereich anderer einzuschränken, und werden häufig, um dies sinnvoll tun zu können, mehr Machteinwirkung akzeptieren müssen (es sei denn, daß andere Mechanismen der Übertragung von Selektionsleistungen, etwa Wahrheit oder Liebe oder Geld, einspringen). Die Diskussionen um den »demokratischen Zentralismus« im Osten und Gruppenführung im Westen haben diese Einsicht unabhängig voneinander nahegelegt und in seltenen Momenten der Erleuchtung sogar formuliert.[132]

Für die klassische kausalistisch und handlungstheoretisch ansetzende Machttheorie läßt sich nach alldem festhalten, daß sie dem Phänomen der funktional-strukturellen Differenzierung und seiner Bedeutung für die Machtlage in sozialen Systemen nicht voll gerecht werden kann. Für die systemtheoretische Machtkonzeption gilt das Umgekehrte: daß sie eine Theorie der Systemdifferenzierung entwickeln muß, weil sie anders ihre Analysen nicht durchführen kann.

Die Systemtheorie geht, wie gezeigt, davon aus, daß alle Macht durch Prozesse der Generalisierung in Systemen erzeugt wird, um den Bedarf für eine Transmission von vollzogenen Selektionsleistungen zu befriedigen. Generalisierung ist an Systeme gebunden, weil sie eine Bestimmung und ein Konstanthalten von

132 Vgl. die Hinweise oben, Anm. 52.

Grenzen erfordert. Macht gibt es danach nur *im System*. Da es aber offensichtlich viele Systeme gibt, muß jede Machtanalyse systemrelativ geführt werden und zunächst ihr Bezugssystem wählen.[133] Eine Analyse des internationalen politischen Systems würde ganz andere Strukturen und Prozesse hervorheben und ganz andere Intensitäten und Verteilungen feststellen als die Analyse einer Eskimosippe, einer Rundfunkanstalt oder des politischen Systems eines Nationalstaates. Deshalb muß auch während einer Untersuchung die Systemreferenz konstant gehalten werden auch dann, wenn die Machtverhältnisse verschiedener Systeme zusammenhängen. Es ist zum Beispiel ein Unterschied, ob man die Machtverhältnisse im leitenden Gremium einer Partei untersucht oder die Macht dieses Gremiums in der Partei, die Macht dieser Partei im politischen System ihrer Gesellschaft, die Macht dieses politischen Systems in seiner politisch geeinten Gesellschaft oder die Macht dieser Gesellschaft im internationalen politischen System.

Mit der Angabe des jeweils untersuchten Systems ist unser Problem indes nur in einem sehr vordergründi-

---

133 Auf den vielfachen Systembezug aller konkreten Phänomene und auf die Notwendigkeit, Systemreferenzen klarzustellen, hat insbesondere Parsons immer wieder hingewiesen. In seiner Systemtheorie ist diese Klärung vor allem deshalb unerläßlich, weil sie mit einem sehr einfachen Grundschema von nur vier Systemproblemen arbeitet und alle weitere Problematik daher nur durch Unterscheidung verschiedener analytischer Systeme und durch Wiederholung des Grundschemas auf anderer Ebene erfassen kann.

gen Sinne gelöst. In der Analyse selbst taucht es in zwei Formen wieder auf:

Einmal muß jedes System als in sich in Teilsysteme differenziert betrachtet werden.[134] Im Vordergrund des analytischen Interesses steht zwar die Frage, wie Selektionsleistungen *zwischen* diesen primären Teilsystemen übertragen werden, aber deren Beantwortung kann nie ganz von der Frage getrennt werden, wie Selektionsleistungen *in* den Teilsystemen übertragen werden, – ob diesen dafür viel Macht (oder Wahrheit, oder Geld, oder Liebe) zur Verfügung steht und in welchem Maße zeitlich-sachlich-sozialer Generalisierung. Es mag in einer politischen Partei zum Beispiel mächtige Cliquen geben, die in fast allen Fragen auf Grund ihrer internen Machtverhältnisse rasch und einmütig Stellung beziehen können und ihre (für sie externe) parteiinterne Macht darauf gründen, daß in der Partei geschlossenes Auftreten und Konsensbildungsfähigkeit als Entscheidungserleichterungen honoriert werden. Die Machtverhältnisse des untersuchten Systems können so wegen dessen Eigenart und Problemkonstellation mitbestimmt sein durch die Innenordnung seiner Teilsysteme. Das ergibt sich aber nicht durch ein einfaches Zusammenrechnen und Aggregieren der Macht von Teilsystemen, die sich ja auch gegeneinander wenden

---

134 Die Teilsysteme sind dann wiederum differenziert usw. Es gibt für die Systemtheorie keine »letzten Einheiten« oder Atome, aber natürlich Grenzen, an denen die Weiterverfolgung der Differenzierung nicht mehr sinnvoll oder praktisch nicht mehr möglich ist.

können. Vielmehr sind Teilsysteme und Gesamtsystem inhomogene Einheiten, zwischen denen Macht nicht ohne weiteres transferierbar ist. Ebendeshalb ist die Machtbildung in Teilsystemen ebenso unentbehrlich wie gefährlich, und die Erhaltung der Reflexivität der Macht im Gesamtsystem – also der Anwendbarkeit seiner Macht auf die Macht der Teilsysteme und von deren Macht auf seine Macht – bleibt ein permanentes Problem.

Zum anderen muß dasselbe Problem auch an den Außengrenzen des jeweiligen Bezugssystems beachtet werden. Systemmacht ist, mag sie zeitlich-sachlich-sozial so vollständig generalisiert sein wie nur denkbar, nicht ohne weiteres umweltwirksam. Eine religiöse Sekte, die über alle Möglichkeiten interner Willensbildung und Entscheidung verfügt, mag der Lächerlichkeit anheimfallen, eine politische Partei trotz hoher Innenmacht sich in ihrem politischen System in permanenter Opposition finden. Niemand wird die Innenmacht der katholischen Kirche in Polen bestreiten, und doch kann sie politisch auf weitgehend folgenlose Darstellung von Ansichten beschränkt werden. Vielleicht sind solche Grenzfälle bei funktionaler Differenzierung typisch unstabil, weil das System dank seiner Entschlußkraft entweder die Beziehungen zur Umwelt durch Umstrukturierung bessern kann oder die hohe Innenmacht auf die Dauer nicht erhalten kann. Die Einsetzbarkeit von Systemmacht in der Umwelt, ihre wirksame, nützliche Verwendbarkeit, ist natürlich ein unwegdenkbarer Faktor bei der Generalisierung interner Macht. Andererseits ist Innenmacht keineswegs eo ipso Macht, die als Macht des Systems in Umweltbeziehungen eingesetzt werden kann, da die dort sich ergebenden Machtchancen durch die Bedingungen eines anderen Systems regiert werden. Die Weiterleitung von Macht über Systemgrenzen ist also auch hier ein Problem.

Sieht man den Aufbau stark differenzierter Großsysteme als Ganzes – etwa vom Standpunkt einer relativ großräumigen, hochkomplexen Gesellschaft aus –, dann erweist sich in der Tat das Problem dieser Innengrenzen und der relativ geringen »Konvertibilität« interner Macht als ein kritisches Hindernis bei der Konsolidierung großer Macht an einer Stelle. Es mag sein, daß es auch auf dieser Systemebene noch Mechanismen der Generalisierung von Einfluß gibt, die darüber hinwegzuhelfen vermögen. Das sind Fragen, die nur spekulativ gestellt werden können und empirisch beantwortet werden müssen. Andererseits werden Großgesellschaften aus ebendiesen Gründen gut daran tun, wenn sie sich nicht primär auf Macht, sondern in erster Linie auf intern besser konvertierbare Mechanismen der Übertragung von Selektionsleistungen, namentlich also auf Wahrheit und auf Geld, stützen. Ein anderes Hindernis der Machtkonzentration tritt hinzu und wirkt in gleicher Richtung: die zu geringe Entscheidungskapazität einzelner Stellen.

Solange die Gesellschaftsstruktur relativ einfach war und primär auf Verwandtschaftssystemen, also segmentierender Differenzierung, beruhte, war die mobilisierbare Macht gering: Es gab wenig Möglichkeiten, zwischen denen man wählen konnte. Ebendeshalb konnte es bei der politischen Macht eines Herrschers im wesentlichen darum gehen, welche Art von Sammelleidenschaft befriedigt wurde, ob und wieviel Schätze, Truppen, Frauen, Schlösser, Hoheitsrechte oder Territorien der Herrscher anhäufte. Das alte Problem der Despotie ruhte auf dieser Voraussetzung, daß Systemmacht und persönliche Ziele in Einklang zu bringen waren. In Grenzfällen ist diese Art persönlicher Politik natürlich auch heute noch denkbar, als Politik der territorialen Ausdehnung, der Sammlung von Atombomben oder von Prestigeerfolgen – zumeist jedoch mit ernsthaften dysfunktionalen Folgen. Die Macht steigt durch weitgetriebene Differenzierung so stark an, daß sie durch kapriziösen, arbitären Machtgebrauch nicht mehr ausgeschöpft werden kann.[135] Dem »Alleinherrscher« fehlen hinreichend differenzierte Motive. Im Grunde kann nur sehr geringe Macht willkürlich verausgabt werden.[136] Wird die Systemmacht

135 Eisenstadt, The Political Systems of Empires, a.a.O. (Anm. 123), S. 364 f., stößt auf einen ähnlichen Gedanken, wenn er in der Autonomie des politischen Systems zwei Komponenten unterscheidet: die Freiheit zu arbiträrem Machtgebrauch und die Möglichkeit, Ziele zu bilden und zu verwirklichen.

136 Das besagt auch die heute zunehmende Einsicht, daß die Macht »absoluter Herrscher« sehr gering gewesen sein muß. Siehe etwa Riggs, Agraria and Industria, a.a.O. (Anm. 123), S. 85 ff.; ders., The Ecology of Public Administration, London 1961, S. 73 ff.; Edward E. Evans-Pritchard, The Divine King-

stärker generalisiert und müssen infolge gestiegener Komplexität mit jeder Entscheidung mehr Alternativen ausgeschieden werden, wird es offensichtlicher Unsinn, einige wenige Motive dominieren zu lassen. Die Systemmacht entzieht sich dann als Ganzes der Verwendung durch einzelne Entscheidungsträger. Jede Entscheidung setzt vorherige und nachherige mitseligierende Einflüsse auf den Entscheidungsprozeß voraus. Entsprechend müssen im differenzierten System die Organisations- und Kommunikationsleistungen verstärkt werden. Die Macht ist dann so stark generalisiert, daß sie nur noch durch Annahme von Einfluß ausgeübt werden kann. Wo immer sie im System erscheint, lenkt sie Einfluß auf sich. Diese Einflußchance kann durch andere Teilsysteme wahrgenommen werden. Auch insofern bedingen sich Generalisierung der Macht und Differenzierung der Struktur.

Solche Überlegungen drängen, zusammengenommen, den Schluß auf, daß die Art und die Stärke der Systemdifferenzierung in der Machttheorie mehr als bisher als zentrale Variable Berücksichtigung finden

---

ship of the Shilluk of the Nilotik Sudan, in: ders., Essays in Social Anthropology, New York (NY) 1963, S. 66-86 (hier S. 72 ff.). An ganz anderem Beobachtungsmaterial gewinnen ähnliche Erkenntnisse Crozier, Le phénomène bureaucratique, a. a. O. (Anm. 8), insb. S. 291 ff.; Ithiel de Sola Pool, The Head of the Company. Conceptions of Role and Identity, Behavioral Science 9 (1964), S. 147-155. Vgl. auch Leon Hamon, La latitude d'action des catégories dirigeantes. Réalité et limites, Revue Française de Science Politique 14 (1964), S. 429-458.

müßte. Von ihr hängen die Komplexität des Systems, nämlich die Zahl der zur Wahl stehenden Möglichkeiten und die Interdependenzen im System ab. Differenzierung ermöglicht es, sich an Systemgrenzen zu orientieren und Macht im System und Macht des Systems zu unterscheiden. Von ihr hängt ab, welcher Bedarf besteht für die Übertragung vollzogener Selektionsleistungen, wieweit zur Befriedigung dieses Bedarfs Systemmacht geschaffen werden muß und wieweit diese Macht über Systemgrenzen hinaus konvertibel ist, so daß die interne Selektion auch außerhalb des Systems Anerkennung findet. Mit alldem ist kein unmittelbarer und feststehender Variationszusammenhang zwischen Systemdifferenzierung und Systemmacht behauptet. Man darf bei solchen Überlegungen zum Beispiel den Faktor Organisation nicht vernachlässigen, die zahlreichen Mechanismen nicht übersehen, die ein Reflexivwerden der Einflußprozesse ermöglichen, und schließlich auch die Bedeutung von Kalkulation und Verhaltensgeschick der Beteiligten nicht unterschätzen. Gleichwohl bleiben Art und Ausmaß der Systemdifferenzierung diejenigen Variablen, die für wohl alle Systemfunktionen und so auch für den Machtmechanismus die Probleme angeben, die gelöst werden müssen, wenn ein System entsprechender Komplexität geschaffen und erhalten werden soll.

Die geforderte Einbeziehung der Systemdifferenzierung wird sich kaum durch einen Ausbau der klassischen Machttheorie, durch ihre Erweiterung um diesen einen Gesichtspunkt, erzielen lassen. Der klassische Ansatz ist, in sich konsistent, von einer handlungstheoretischen Grundkonzeption her entworfen, die mit systemtheoretischen Grundbegriffen – und Differenzierung ist unvermeidlich ein solcher – nicht harmonieren würde. Die Machttheorie kann deshalb nur als Ganzes von ihrem klassischen Fundament abgelöst und in die Systemtheorie übernommen werden – auf die Gefahr hin, daß ihre Anhänger nicht erkennen werden, daß es sich in der neuen Form überhaupt noch um den gleichen empirischen Tatbestand der Macht handelt.

Die Tragweite eines solchen Entschlusses läßt sich am besten durch eine Übersetzung der klassischen Prämissen in solche der Systemtheorie verdeutlichen. Dem soll, auf Grund der vorangegangenen Überlegungen, das folgende Kapitel dienen.

VII. Systemtheoretische Prämissen der Machttheorie

Die Prämissen der klassischen Machttheorie sind von einleuchtender Einfachheit. Sie bauen auf dem Handlungserleben des täglichen Lebens auf und beziehen von da her eine gewisse Plausibilität. Wenn man von einer so einfachen Theorie aus einer sehr komplexen Wirklichkeit gerecht werden will, verlieren diese Vorteile sich jedoch sehr rasch und verwandeln sich in Nachteile. Die Begriffe müssen dann aufgebläht und verunklärt, die Aussagen durch zahlreiche Ausnahmen, salvatorische Klauseln oder Adhoc-Erklärung von Abweichungen durchlöchert werden. Die Theorie kann so sehr rasch komplizierter werden als vielleicht nötig. Man muß sich deshalb fragen, ob nicht eine etwas komplexer ansetzende Machttheorie auf die Dauer bessere Resultate erzielen könnte.

Wenn man den Grundbegriff der Handlung durch den Grundbegriff des Systems ersetzt, gewinnt man eine Theorie mit höherem Potential für Komplexität, eine Theorie, die speziell dafür geschaffen ist, Komplexität zu erfassen und den Vorgang der Reduktion von Komplexität zu begreifen. Auch diese Theorie kann, so unfertig sie ist, einige ihrer Prämissen bereits versuchsweise angeben. Ebensowenig wie die klassische

Machttheorie kann sie den Anspruch erheben, ein axiomatisch geschlossenes Aussagensystem zu formulieren. Ihr Anspruch auf Überlegenheit geht nicht in diese Richtung, sondern bezieht sich lediglich auf die Fähigkeit, hochkomplexe soziale Wirklichkeiten besser begreifen zu können.

Im Zusammenhang dieser Studie kann die Systemtheorie im ganzen natürlich nicht dargestellt werden. Selbst eine Skizze der heute bereits sichtbaren Grundzüge würde den Rahmen des engeren Themas »Macht im System« sprengen. Wir müssen uns deshalb darauf beschränken zu zeigen, durch welche Begriffe die Systemtheorie die Prämissen der klassischen Machttheorie ersetzt.

(1) Die klassische Theorie hatte die Kausalkategorie als Bezeichnung für eine Kraft verwandt, die Wirkungen bewirkt. Die Systemtheorie wendet sich nicht gegen die Kausalkategorie – sie kann die Vorstellung, daß Ursachen Wirkungen bewirken, natürlich nicht missen –, sondern gegen diese Interpretation der Kausalität und damit zugleich gegen sehr tiefsitzende Denkgewohnheiten. Für sie ist am faktischen Geschehen nicht die Kraft, die etwas durchsetzt, und auch nicht die Beherrschung dieser Kraft das Problematische, sondern die Selektivität. Nicht *daß* etwas (schon Gewolltes) bewirkt wird, sondern *wie* ausgewählt wird, *was* bewirkt wird und wie diese Auswahl intersubjektiv konstant gehalten werden kann, steht im Mittelpunkt ihres Interesses. Nicht Kraft, sondern Information ist Leitgesichtspunkt, unter dem sie Ge-

schehensabläufe für problematisch hält und analysiert.[137]

Informationswert gewinnen Nachrichten im Hinblick auf den Entwurf eines Bereiches von Möglichkeiten, aus dem sie eine Auswahl treffen. Die Unwahrscheinlichkeit dieser Auswahl, die unter bestimmten Voraussetzungen gemessen werden kann, ist das Maß dieses Informationswertes. Selbstverständlich ist Information als solche noch keine Übertragung der Selektionsleistung in das Erleben und Verhalten anderer, ist Kommunikation als solche noch keine

---

137 Vgl. hierzu John T. Dorsey, A Communication Model for Administration, Administrative Science Quarterly 2 (1957), S. 307-324; ders., An Information-Energy Model, in: Ferrel Heady/Sybil L. Stokes (Hrsg.), Papers in Comparative Public Administration, Ann Arbor (MI) 1962, S. 37-57, und den wenig ergiebigen Anwendungsversuch in ders., The Bureaucracy and Political Development in Viet Nam, in: Joseph LaPalombara (Hrsg.), Bureaucracy and Political Development, Princeton (NJ) 1963, S. 318-359. Bemerkenswert an diesem Versuch ist vor allem seine innere Zwiespältigkeit. Der kybernetische Informationsbegriff, der die Selektivität einer Kommunikation bezeichnet, wird zwar übernommen, aber für nicht ausreichend gehalten, sondern ergänzt durch einen ungeklärten Begriff der *Energie*, der offenbar nur erklären soll, daß überhaupt etwas geschieht. Das weiß man aber sowieso. Problematisch ist immer nur, was geschieht. Im übrigen ist am Energiebegriff bisher nur ein einziger Aspekt eindeutig geklärt, und gerade der ist in der Machttheorie hochproblematisch: die These einer Summenkonstanz und damit einer Knappheit von – was immer es sei. Man kann diesen rätselvollen Begriff deshalb möglicherweise durch den Begriff des *Selektionszwanges* ersetzen.

Macht.[138] Aber die Frage, ob eine informative Kommunikation ihre Selektionsleistung überträgt oder nicht, läßt sich nicht durch Hinweis auf eine besondere ursächliche Kraft (etwa physische Zwangsgewalt) beantworten, die zusätzlich noch erforderlich ist, sondern zu ihrer Beantwortung muß die Selektionsleistung selbst analysiert werden, müssen also die Alternativen verglichen werden, die alle Beteiligten je für sich entwerfen. Die Übertragbarkeit kann, wie wir gesehen haben, nur dadurch gesichert sein, daß das soziale System, das die Alternativen konstituiert, sie zugleich in bestimmter Weise generell strukturiert, so daß sich Präferenzen bilden, die sich durch Kommunikation in übereinstimmende Entscheidungen ausmünzen lassen. Man kann mit Parsons auch sagen, daß es in den Systemstrukturen generelle Mechanismen geben muß, die die Komplementarität des Erwartens sicherstellen,[139] muß dann aber, um ein typisches Mißverständnis zu vermeiden, gleich hinzufügen, daß diese Mechanismen nicht nur aus gemeinsam anerkannten höheren Normen oder Werten bestehen, sondern auch in der Stabilisierung bestimmter Alternativen (wie Zusammenbruch des

---

138 Das ist auch in der mathematischen Informationstheorie, jedenfalls am Anfang vor ihren berauschenden Erfolgen, mit aller Deutlichkeit gesehen worden. Siehe die Ausklammerung des »effectiveness problem« bei Claude E. Shannon/Warren Weaver, The Mathematical Theory of Communication, Urbana (IL) 1949, S. 95 f.

139 Vgl. Talcott Parsons/Edward Shils (Hrsg.), Toward a General Theory of Action, Cambridge (MA) 1951, S. 14 ff. u. ö.

Systems, Anwendung von physischer Gewalt, Verlust der Mitgliedschaft im System, Verlust von Geschichte, insbesondere eigener Darstellungsgeschichte usw.), die zu vermeiden für alle Beteiligten in unterschiedlicher Weise vorteilhaft ist.

(2) Demnach wird die Kausalkategorie von der Systemtheorie nicht einfach beiseite geschoben, sondern auf andere Probleme hin interpretiert als in der klassischen Theorie – nämlich auf Probleme der Reduktion von Komplexität. Das hängt damit zusammen, daß die Systemtheorie Systeme als eine selektive Ordnung der Informationsverarbeitung in einer weniger geordneten, komplexeren Umwelt begreift. Unter dieser Voraussetzung muß auch die zweite Prämisse der klassischen Machttheorie, die einer objektiv feststehenden Zukunft, voraussehbarer Handelnsverläufe und vollständiger Informierbarkeit, umgedeutet werden. Die klassische Theorie setzt hier Gegebenheiten, also Natur ein, wo die Systemtheorie lediglich Selektionszwang annimmt.

Systemtheoretische Überlegungen gehen davon aus, daß menschliches Erleben und Handeln einen minimalen Spielraum der Aktualität aufweist,[140] im Vergleich zu dem die Welt, die der Mensch sich als Horizont des Erlebens entwirft, übermäßig komplex ist. Um diese Diskrepanz zu überbrücken und die Welt

140 Vgl. dazu im Hinblick auf die Zeitdimension den von James bekanntgemachten Begriff des »specious present«, etwa die Darstellung bei William James, The Principles of Psychology, London 1891, Bd. I, S. 608 ff.

zur Erscheinung zu bringen, müssen Systeme gebildet werden, die Komplexität reduzieren, kompakten Sinn bilden[141] und entscheidbare Alternativen definieren. Die Zukunft steht nicht fest, sie hält die Welt offen; fest steht aber, daß sie auf ein Minimum an aktueller Gegenwart zusammenschrumpfen muß, also Selektion mit oder ohne Zutun des Menschen stattfindet. Der Mensch kann die Potentialitäten seines Weltentwurfs durch andere Selektion besser ausnutzen, ist aber in dem Maße, als er den Bereich seiner Freiheit erweitert, ohne den Bereich der faktischen Aktualität seines Erlebens erweitern zu können, gezwungen, Strukturen zu bilden und Einflüsse zu akzeptieren. Zu diesen Strukturen gehören jene permanenten Potentialitäten wie Zwang, Systemzusammenbruch, Geschichtsverlust, Mitgliedschaftsverlust, die Einfluß generalisieren. Deren Stabilisierung schafft erst jene Voraussehbarkeiten, mit denen die Macht rechnet. Die Kalkulierbarkeit der Macht ist bereits eine Systemleistung und variiert mit ihren Systembedingungen.

(3) Im Lichte der Systemtheorie sind demzufolge auch Bedürfnisse keine festen Ankerpunkte der Machtkalkulation. Auch sie variieren mit dem System, und zwar in einer Weise, die mit dem Machtbedarf des Systems und den Möglichkeiten seiner Realisierung eng zusammenhängt. Bedürfnisse sind nicht gleichsam Lö-

---

141 Berger und Luckmann nennen das im Anschluß an Schütz »Konstruktion der Realität« – siehe Peter L. Berger/Thomas Luckmann, The Social Construction of Reality. A Treatise in the Sociology of Knowledge, Garden City (NY) 1966.

cher in der Natur, sondern variable Problemformeln, die ihren Sinn ändern je nachdem, welche Komplexität und wieviel zu reduzieren ist. In der griechischen Polis konnte man bereits erleichtert feststellen, daß man über die barbarischen Zustände hinaus sei, in denen es nötig war, Frauen zu kaufen und auf den Straßen Waffen zu tragen; Sozialordnungen, in denen es vorgeschrieben ist, die Tochter des Onkels mütterlicherseits zu heiraten, lagen schon außerhalb des Blicks. Andererseits gab es noch kein Bedürfnis für Liebe als Passion oder für Sicherheit in dem generalisierten Sinne, wie wir ihn für eine sehr viel komplexere Welt entwikkelt haben.

Die Variation institutionell erzeugter, vorgesehener, legitimierter Bedürfnisse ist für den Machtbedarf und die Struktur der Machtchancen einer Gesellschaft von grundlegender Bedeutung. Bei institutionell vorgeschriebener Gattenwahl gibt es zum Beispiel in dieser Hinsicht weder Bedarf noch Möglichkeiten für Machtentfaltung. Anders ist es, wenn der junge Mann seinen reichen Onkel väterlicherseits bitten muß, ihm die drei Kühe für den Erwerb einer Frau zur Verfügung zu stellen. Und wiederum andere Bedingungen herrschen, wenn es gelingt, Liebe als individuelle Passion zur Entscheidungsgrundlage zu machen und trotz aller Schwierigkeiten, dem nachzuleben, zu institutionalisieren; dann wird nämlich diese Form der Reduktion von Komplexität verselbständigt und vom Machtmechanismus institutionell getrennt, der nun seinerseits mit Hilfe eines staatlichen Monopols auf Anwendung physischen Zwanges im rein politischen Bereich funktional spezifiziert werden kann.

Sollen derartige Überlegungen in der Machttheorie berücksichtigt werden, muß sie den Begriff des Bedürfnisses seiner ontischen Faktizität entkleiden[142] und ihn als eine Bezeichnung für eine gesellschaftlich variable Problemformel benutzen, deren Sinn und Machtwert sich aus der Interdependenz der Potentialitäten im Weltentwurf eines Sozialsystems ergibt. Damit verliert der Begriff seinen grundbegrifflichen Status und wird durch den Begriff der Interdependenz ersetzt.

(4) Auch die Letztorientierung am durchzukämpfenden Konflikt ist für die Systemtheorie zu eng gewählt. Wenn man bedenkt, in welchem Maße zunehmende Konzentration der Mittel für das physische Austragen von Konflikten auf der einen und wachsende Systemdifferenzierung der Gesellschaft auf der anderen Seite zusammengehören und einander bedingen, wird es schwierig, an dieser klassischen Prämisse

---

142 Auf diesem Wege war, zumindest für alle soziologisch interessanteren Bedürfnisse, auch Malinowski mit seiner Theorie der abgeleiteten Bedürfnisse. Siehe etwa Bronislaw Malinowski, Eine wissenschaftliche Theorie der Kultur und andere Aufsätze, Zürich 1949 (dt. Übers.), und dazu auch Helmut Schelsky, Über die Stabilität von Institutionen, besonders Verfassungen. Kulturanthropologische Gedanken zu einem rechtssoziologischen Thema, Jahrbuch für Sozialwissenschaften 3 (1952), S. 1-21, neu gedruckt in: ders., Auf der Suche nach Wirklichkeit. Gesammelte Aufsätze, Düsseldorf-Köln 1965, S. 33-55.

festzuhalten; hieße das doch, alle Macht in der Gesellschaft von den in der Hand des Staates zusammengefaßten Zwangsmitteln herzuleiten, also als abgeleitete Macht zu behandeln und jede systemeigene Machtbildung in großen Organisationen, Vereinen, Parteien, Orden, Kleingruppen usw. zu leugnen.

Zwang ist denn auch nicht als physischer Vorgang, sondern durch seine Antizipierbarkeit für die Machttheorie interessant. Dadurch kann er generalisiert wirken. Für diese Leistung aber gibt es funktionale Äquivalente. Zum Beispiel mag die Gefahr des Zusammenbruchs von Verständigungsgrundlagen oder des Verlustes von Mitgliedschaften für den, der auf die Erhaltung der Kooperation mehr angewiesen ist, Anlaß genug sein, sich dauerndem Einfluß zu unterwerfen; und indem er das tut, baut er eine Geschichte von Unterwerfungen auf, gegen die er dann nicht mehr aufbegehren kann, ohne seine Selbstdarstellung zu diskreditieren. Um solchen Machtgrundlagen gerecht werden zu können, muß die Machttheorie auch hier ihren theoretischen Ansatz abstrahieren. Das kann geschehen, indem man die Orientierung am durchzukämpfenden Konflikt, also an einem bestimmten faktischen Geschehen, durch den funktionalen Begriff der Generalisierung von Einfluß ersetzt, der lediglich ein Problem bezeichnet, das in Systemen von einiger Komplexität gelöst werden muß und zunächst offenläßt, durch welche verschiedenen, funktional äquivalenten Mittel es gelöst werden kann.

(5) Man wird ferner auch die Metapher des »Besit-

zes« von Macht auf die damit gemeinten Funktionen hin befragen und so abstrahieren müssen. Das ist indes schwierig, da sie, wie oben gezeigt, Verschiedenes zusammenschweißt. Die Metapher muß daher aufgelöst und in kompliziertere, aber erforschbare Hypothesen über den Funktionszusammenhang mehrerer Mechanismen übersetzt werden.

Einmal ist an die soeben behandelte Generalisierung von Einfluß zu denken, die unter anderem die zeitliche Permanenz des »Habens« von Macht sicherstellt, und außerdem an die Reflexivität von Einflußprozessen, die in der Systemtheorie für das steht, was mit Übertragbarkeit des Machtbesitzes gemeint war. Durch Generalisierung hat die Macht Dauer, durch Reflexivität ist sie auf die Macht anderer anwendbar und insofern übertragbar. »Haben« von Macht ist somit eine geheimnisvolle Chiffre für die Einsicht, daß das Reflexivwerden von Einflußprozessen Generalisierung voraussetzt.

Dabei ist noch nicht berücksichtigt, daß die Metapher des »Habens« außerdem eine Spezifikation von Störungsquellen und Gefährdungen behauptet. Besitz ist nicht irgendwie ungewiß und angstbesetzt, sondern kann nur auf bestimmte, voraussehbare Weisen zerstört oder weggenommen werden und kann deshalb gegen Gefahr gesichert werden. Was leistet nun in sozialen Systemen diese Spezifizierung von Störungen und Gefahren? Man kann sagen: die Organisation. Durch Organisation und durch organisatorische Programmierung des Entscheidens werden gültige, kraft Fiktion unschädliche Verhaltensgrundlagen geschaffen. Auf deren Basis kann man in Außenbeziehungen Ereignisse ignorieren, es sei denn, daß es sich um Informationen handelt, die spezifische Programme einrasten lassen, oder daß eine spürbare »Krise« entsteht,[143] die zu Umstrukturierungen zwingt. Und intern ist durch Organisation und Programmierung zugleich das definiert, was in einem sehr spezifischen Sinne als »Fehler« angesehen und bereinigt werden muß.[144] Mithin müssen zu den Leistungen der Generalisierung und der Reflexivität noch die der Organisation hinzutreten, und all diese verschiedenartigen, keineswegs widerspruchsfreien Prozesse müssen miteinander verbunden werden, soll das entstehen, was die klassische Theorie so einfach »Besitz« von Macht nennt.

(6) Die bedeutsamste Scheidung von klassischer

---

143 Zu diesem organisationstypischen Rhythmus von Routinehandeln und Krisenverhalten vgl. Cyril Sofer, The Organization from Within, Chicago (IL) 1962, S. 150 ff.; Crozier, Le phénomène bureaucratique, a. a. O. (Anm. 8), S. 258 ff. und passim; William J. Gore, Administrative Decision-Making. A Heuristic Model, New York-London-Sydney 1964, insb. S. 136 ff. Zur Theorie organisatorischer Krisen allgemein siehe ferner Charles F. Hermann, Some Consequences of Crisis Which Limit the Viability of Organizations, Administrative Science Quarterly 8 (1963), S. 61-82.

144 Vgl. hierzu näher: Luhmann, Funktionen und Folgen formaler Organisation, a. a. O. (Anm. 84), S. 251 ff., und ders., Recht und Automation in der öffentlichen Verwaltung. Eine verwaltungswissenschaftliche Untersuchung, Berlin 1966, S. 75 ff.

und systemtheoretischer Machttheorie findet sich dort, wo die klassische Theorie ihre Prämissen am undeutlichsten ausspricht und daher am schwersten zu kritisieren ist. Ihr schlechthin die These eines »geschlossenen Systems« zu unterstellen, wie Parsons[145] das tut, mag manche ihrer Vertreter zu Protesten veranlassen – um so mehr, als bei dem Vorwurf selten genau definiert wird, unter welchen Bedingungen ein System als geschlossen gelten kann. Soviel ist indes sicher, daß die neuere Systemtheorie Systeme stets umweltbezogen sieht und daher auch die Funktion der Macht stets umweltbezogen definieren wird – letztlich in bezug auf die Fähigkeit eines Systems, sich in einer übermäßig komplexen Umwelt, also trotz unklarer und unsicherer Information, durch Entscheidung festzulegen. Mit einem so funktionalisierten Machtbegriff sind weder die Prämisse konstant bleibender Machtsummen noch das Transitivitätsprinzip vereinbar.

(a) Wir können davon absehen, daß eine praktische Verwendung des Prinzips der Summenkonstanz voraussetzen würde, daß das Problem der Machtmessung auf der Basis der klassischen Machttheorie hätte gelöst werden können. Demgegenüber ließe sich noch erwidern, daß dieses eherne Gesetz auch ohne exakte Messung, über grobe Schätzungen etwa, regiert. Ein anderes Bedenken wiegt schwerer: Die Konstanz einer Machtsumme wäre nur gewährleistet, wenn *alle* Faktoren, die für die Machtlage von Bedeutung sind,

145 Siehe dazu die Belege in Anm. 57.

lediglich im Sinne einer Umverteilung von Macht im System wirken würden derart, daß anderen zuwächst, was einer verliert.[146] Entscheidungsbedingungen dieser Art können nur auf sehr künstliche, voraussetzungsvolle Weise hergestellt werden – in Spielsituationen etwa oder im politischen System dadurch, daß jeder Wähler mit künstlich konstant gesetzten »Stimmen« und Staatsorgane mit konstant bleibenden »Stellen« oder »Sitzen« und bestimmten Entscheidungsregeln ausgestattet werden und die Fiktion institutionalisiert wird, daß die Macht nur nach Maßgabe dieser Regeln ausgeübt werde, also etwa nach dem Mehrheitsprinzip. Dann ließe sich sagen, daß jede Veränderung der Machtlage in gleichem Maße in Stimmverlusten und Stimmgewinnen ausgedrückt werde. Wie schwierig es ist, solche Bedingungen zu institutionalisieren, zeigt aber zugleich, wie unnatürlich sie sind.

In normalen menschlichen Beziehungen ist es durchaus möglich, ja üblich, daß jemand anderen Macht über sich gewährt und selbst davon profitiert. Die Verbreitung des Tausches oder tauschähnlich angelegter sozialer Verhältnisse ist ein wichtiger Beleg dafür: Durch Annahme fremden Einflusses kann man seinen eigenen Einfluß auf andere steigern, und besonderes Geschick in der zeitlichen, situationsmäßigen, partnermäßigen Verteilung von Selektionslei-

146 Das hieße natürlich auch, daß eine Erzeugung von Macht durch Systembildung und Systemorganisation undenkbar wäre, sondern Macht wie eine Naturtatsache als immer schon vorhanden betrachtet werden müßte.

stungen kann sich besonders bezahlt machen. Bei solcher Intensivierung wechselseitigen Einflusses wird der einzelne durch Konzessionen Macht gewinnen, nicht zuletzt im Hinblick auf den Schaden, den sein Rückzug aus dem System anrichten würde, und zugleich wird mit seiner Macht sein Interesse am System wachsen und damit das, was andere ihm aufladen können.

Machtsteigerungen dieser Art setzen natürlich gewisse strukturelle Vorkehrungen im System voraus oder machen sie erforderlich.[147] In den elementaren Kontakten muß zum Beispiel ein gewisses Maß an Vertrauen gewährleistet sein. Eine Ausweitung des Zeithorizontes und damit eine Befriedigung von Sicherheitsbedürfnissen wird notwendig, und nicht zuletzt müssen gewisse gemeinsam anerkannte Normen generalisiert und formalisiert werden. Mithin hängt die Machtsteigerung von der Struktur des Systems und bei größeren Systemen darüber hinaus auch von Organisation ab. Die Struktur muß jenes höhere Maß von Komplexität zulassen, das durch Intensivierung der Beziehungen angestrebt wird.

Umgekehrt können Machtsteigerungen aber auch nolens volens durch Steigerungen der Komplexität eines Systems ausgelöst werden, die nicht im Bereich des

---

147 Parsons, The Political Aspect of Social Structure and Process, a. a. O. (Anm. 56), S. 101 f., behandelt Fragen dieser Art im Rahmen seiner Theorie der »hierarchy of control« und sucht die Bedingungen einer Machtsteigerung vor allem auf der nächsthöheren Ebene integrierender Einflußprozesse.

Macht anwendenden Verhaltens, also etwa in der Politik, ihre Wurzeln haben. Denn wenn mehr Möglichkeiten gegeben sind und eliminiert werden müssen, wächst damit der Selektiveffekt jeder Entscheidung. Wer dann den Kurs definitiv bestimmt, schließt mehr andere Möglichkeiten aus, hat also mehr Macht. Die viel erörterte politische Mobilisierung, das heißt das Freiwerden und Fluktuieren der Bedingungen politischer Unterstützung, und die »Revolution der steigenden Erwartungen« in Entwicklungsländern geben zum Beispiel deren politischen Systemen eo ipso mehr Macht, ob diese nun darauf vorbereitet sind oder nicht und ob sie diesen neuen Anforderungen organisatorisch-institutionell gewachsen sind oder nicht. Unter diesen Umständen wankt das politische System sehr leicht von Krise zu Krise, wenn es ihm nicht gelingt, die Unzufriedenheit, die jede Entscheidung, welche auch immer, durch ihre Negierungen schafft, in geordnete Teilnahme, also in Systemmacht, zu verwandeln.[148] Systemkomplexität und Systemmacht müssen in Übereinstimmung gebracht werden – oder das System verliert seine Entscheidungsfähigkeit. Derartige Überlegungen lassen sich nur anstellen, wenn man im Gegensatz zur klassischen Machttheorie das Ausmaß der Macht eines Systems ebenso wie die Systemkomplexität, das heißt die Zahl der Möglichkeiten, die

---

148 Als eine sehr ähnliche, aber nicht in die Machttheorie übersetzte Beurteilung siehe Samuel P. Huntington, Political Development and Political Decay, a.a.O. (Anm. 66).

das System für sich entwirft, als variabel ansieht und zu der zu reduzierenden Komplexität in Beziehung setzt.[149]

(b) Das Summenkonstanzprinzip setzt, wie gezeigt, eine sehr spezifische Definition des Verhältnisses von System und Umwelt voraus – nämlich die, daß alle Umweltänderungen nur eine Umverteilung von Macht im System zur Folge haben können. Das Transitivitätsprinzip verengt diese Annahme weiter und postuliert, daß alle Umverteilungen stets wieder zu einer hierarchischen Verteilung von Macht führen müssen, sich also als relativer Aufstieg und Abstieg zu einer feststehenden Skala der Über- und Unterordnung abspielen müßten.[150] Daß ein so penetranter Ordnungszwang in der sozialen Wirklichkeit nicht gegeben ist, hatten wir

---

149 Damit ist zugleich die Richtung angedeutet, in welcher die Systemtheorie Versuche unternehmen könnte, Macht zu messen. Das Maß der Macht wäre danach die Zahl der Möglichkeiten, die sie ausschließt, und wäre unabhängig von der Motivkraft einer Kommunikation (dies deshalb, weil die zu messende Macht ja nur besteht, wenn und soweit die Selektionsleistung angenommen wird). Daß eine Durchführung dieser Messung vor erhebliche theoretische und praktische Schwierigkeiten gestellt ist – unter anderem deshalb, weil sie einen vollständig definierten Bereich von Möglichkeiten voraussetzt –, ist jedoch nicht zu verkennen.

150 Theoretisch ließe das Transitivitätsprinzip sich natürlich auch ohne Unterstellung von Summenkonstanzen verwenden. Das würde heißen, daß außer solchen Umverteilungen auch Machtmehrungen und Machtminderungen zugelassen würden, durch die jeder Stufe der Hierarchie proportional zu ihrem Eigengewicht Macht zuwächst bzw. verlorengeht.

bereits gesehen.[151] Es gibt sehr wohl reziproke Machtverhältnisse (die sich gleichwohl nicht blockieren) und zirkuläre Strukturen, und dies nicht nur im Sinne bedauerlicher Abweichungen von der an sich rationalen Form, sondern gerade als Mechanismen der Steigerung der Komplexität und Problemlösungsfähigkeit eines Systems. Transitive Machtordnungen müssen, so wie Machtsummenkonstanzen auch, in Wirklichkeit künstlich geschaffen werden, setzen bestimmte Systemstrukturen voraus (zum Beispiel solche, die die Spitze der Hierarchie legitimieren) und gelingen stets nur mehr oder weniger gut. Während Versuche, Machtsummenkonstanzen zu institutionalisieren, der Politik die Spielregeln geben, ist die Transitivität der Macht das formale Gesetz der Verwaltung, aber eben durchaus nicht ihre volle Wirklichkeit, geschweige denn die Wirklichkeit aller machtbildenden Sozialsysteme.

Auch das Transitivitätsprinzip muß mithin durch einen zugleich abstrakteren und komplexeren (mehr Möglichkeiten zulassenden) Begriff für die Beziehungen zwischen Machtträgern abgelöst werden. Die Systemtheorie bietet dafür den Begriff der Reflexivität an. Dieser Begriff besagt einfach, daß Macht auf Macht angewandt werden kann, und deckt damit transitive, reziproke und zirkuläre Machtstrukturen sowie Mischformen dieser verschiedenen Typen. Er läßt sich ferner innerhalb von Systemen ebenso anwenden wie auf

151 Vgl. oben, S. 14, S. 40 ff.

Beziehungen zwischen Systemen, also auf Machtträger, die an der Macht eines Systems teilhaben, ebenso wie auf Machtträger, deren Macht in verschiedenen Systemen originär gebildet ist. Er ist universeller verwendbar und schließt zugleich besser an an allgemeine systemtheoretische Überlegungen über die Probleme der Institutionalisierung reflexiver Mechanismen der verschiedensten Art.

VIII. Zur Theorie des politischen Systems

In der Politikwissenschaft herrscht ein alter Streit, ob Politik ihrem Wesen nach durch Macht definiert werden könne.[152] Sicher ist die Unbeendbarkeit dieser Diskussion teilweise darauf zurückzuführen, daß das Wesen des Wesens unbekannt geblieben ist und man

152 So Weber, Wirtschaft und Gesellschaft, a.a.O. (Anm. 14), S. 29, oder ders., Gesammelte politische Schriften, Tübingen 1958, S. 493 ff.; Harold D. Lasswell, Politics: Who Gets What, When, How. New York (NY) 1936; Michael Freund, Politik, Handwörterbuch der Sozialwissenschaften, Bd. 8, Stuttgart-Tübingen-Göttingen 1964, S. 356-371 (356); Maurice Duverger, Sociologie politique, Paris 1966, S. 13 ff. Zur wachsenden Kritik siehe etwa Kurt Sontheimer, Zum Begriff der Macht als Grundkategorie der politischen Wissenschaft, in: Dieter Oberndörfer (Hrsg.), Wissenschaftliche Politik. Eine Einführung in Grundfragen ihrer Tradition und Theorie, Freiburg/Br. 1962, S. 197-209. Die einzig ernst zu nehmende Alternative ist in der bisherigen Diskussion der Versuch, die Politik wieder vom Zweck her zu bestimmen. Außer den mehrfach zitierten Schriften von Parsons siehe für sehr verschiedene Versionen dieses Gedankens Ulrich Scheuner, Grundfragen des modernen Staates, in: Recht, Staat, Wirtschaft 3 (1951), S. 126-165 (135); Peter von Oertzen, Überlegungen zur Stellung der Politik unter den Sozialwissenschaften, in: Festschrift Otto Stammer, Köln-Opladen 1965, S. 101-118 (103); Roland J. Pennock, Political Development, Political Systems, and Political Goods, World Politics 18 (1966), S. 415-434.

daher auch nicht sagen kann, wieweit der Machtbegriff Erscheinungen müsse erklären können, um als deren »Wesen« gelten zu können. Wenn man die Kategorien der Handlungstheorie »Zweck« und »Mittel« zugrunde legt, kann man zwar Macht als den Zweck oder als das Mittel des spezifisch politischen Handelns bezeichnen, aber es bleibt dann offen, was im ersten Falle die Mittel sind, im anderen der Zweck des politischen Handelns ist.[153] Bei einer handlungstheoretischen Grundlegung ist mithin die Mitverwendung anderer, komplementärer Wertorientierungen unvermeidlich. Sie kann das persönliche Engagement der Ethik abzuschütteln versuchen, nicht aber ihre Weise, Komplexität zu reduzieren.[154]

Mit dem Übergang von handlungstheoretischer zu systemtheoretischer Grundlegung ergibt sich, wenn er konsequent vollzogen wird, eine andersartige Verteilung von Schwierigkeiten.[155] Die Systemtheorie ersetzt den Wesensbegriff als Kriterium durch den Funkti-

153 Ähnlich hatte schon Hermann Heller, Staatslehre, Leiden 1934, S. 89 f., gegen Max Weber argumentiert.

154 Darin liegen auch die Grenzen des Prinzips der »Wertfreiheit«, solange man bei Handlungstheorien bleibt.

155 Inkonsequent scheint es mir zu sein, oder jedenfalls die Potentialitäten der Systemtheorie nicht auszunutzen, wenn Pennock, Political Development, a. a. O. (Anm. 152), von der Theorie des politischen Systems aus wieder auf die alten Gemeinwohlformeln zur Bestimmung von Systemzielen zurückgreift und es dabei bewenden läßt, ohne zu bedenken, daß man sich schon seit Jahrhunderten bemüht, daraus eine Theorie zu machen.

onsbegriff, fragt also nach der Funktion politischer Systeme. In dieser Frage steckt nicht mehr die alte Diskrepanz von Wesen und voller Wirklichkeit, sondern eine neue Diskrepanz von Funktion und Struktur.

Funktion im abstraktesten Sinne ist ein Gesichtspunkt, unter dem Wirkliches vergleichbar ist und der zugleich die Vergleichbarkeit einschränkt auf das, was funktional äquivalent ist.[156] Die Funktion des politischen Systems ist demnach dasjenige Bezugsproblem, das alle politischen Systeme lösen – im Unterschied etwa zu Systemen der Wirtschaft, der Religion, der Wissenschaft, der Krankenpflege, der Ausbildung usw. Wie immer man dieses Problem definieren will – wir kommen darauf noch zurück –, muß es stets mit der Klasse funktional äquivalenter Problemlösungen dekkungsgleich sein. Es darf nichts »Politisches« geben, was außerhalb bleibt und damit, obwohl politisch, unvergleichbar wäre.

Das führt vor die Frage, ob die politische Funktion wirklich immer nur durch speziell dafür geschaffene und entsprechend strukturierte politische Systeme erfüllt wird, und diese Frage muß mit nein beantwortet werden.[157] Es gibt, die ethnologische Forschung läßt da

---

156 Zur Erläuterung dieses durchaus nicht allgemein anerkannten Funktionsbegriffs siehe Niklas Luhmann, Funktion und Kausalität, Kölner Zeitschrift für Soziologie und Sozialpsychologie 14 (1962), S. 617-644, neu gedruckt in: ders., Soziologische Aufklärung 1, a. a. O. (Anm. 61), S. 9-30.

157 Die vorherrschende Meinung umgeht dieses Nein und sucht die Universalität der Theorie des politischen Systems

keinen Zweifel zu, Gesellschaften, die nur gelegentlich und nur im Zusammenhang mit anderen, namentlich religiösen und wirtschaftlichen Funktionen, politisch aktiv werden.[158] Wählt man einen Bezugspunkt, von

---

dadurch zu retten, daß sie einen Begriff des (nur) analytischen Systems bildet, der alles das zusammenfaßt, was in einer Gesellschaft eine spezifische Funktion erfüllt. Siehe als ausführliche Rechtfertigung dieses Gedankens Easton, A Framework for Political Analysis, a. a. O. (Anm. 5), insb. S. 37 ff. Auch Parsons' Begriff der »polity« ist in diesem Sinne analytisch gemeint, und Eisenstadt, The Political Systems of Empires, a. a. O. (Anm. 123), wird seine Aussage, daß *alle* Gesellschaften politische Systeme haben, kaum anders interpretieren können. Vgl. auch ders., Primitive Political Systems. A Preliminary Comparative Analysis, American Anthropologist 61 (1959), S. 200-220.

Ein solcher, rein analytisch, also nur für wissenschaftliche Zwecke gebildeter Systembegriff verliert jedoch seinen Erkenntniswert in dem Maße, als die soziale Wirklichkeit im Erleben und Handeln der Beteiligten nicht entsprechend interpretiert wird, Systemgrenzen nicht Gegenstand bewußter Orientierung sind, »inputs« und »outputs« nicht als solche geleistet werden usw.

158 Siehe die vieldiskutierte Typologie, die Edward E. Evans-Pritchard/Meyer Fortes (Hrsg.), African Political Systems, London 1940, S. 5 f., vorschlagen. Für weitere Beispiele vgl. Isaac Schapera, Government and Politics in Tribal Societies, London 1956; John Middleton/David Tait (Hrsg.), Tribes Without Rulers. Studies in African Segmentary Systems, London 1958; einige Beiträge in: Systems of Political Control and Bureaucracy. Proceedings of the 1958 Annual Spring Meeting of the American Ethnological Society, Seattle (WA) 1958, oder typische Monographien über einzelne Stammesgesellschaften wie Edmund R. Leach, Political Systems of Highland Burma. A Study of Cachin Social Structure,

dem aus man *alle* politischen Systeme vergleichen kann, erfaßt man mehr als *nur* politische *Systeme.*

Diesem Dilemma von Funktion und Struktur entkommt die funktionale Systemtheorie durch Annahme einer *evolutionären* Perspektive. Der neu aufgelegte, funktional strukturelle Evolutionismus[159] geht davon aus, daß – zumindest bei ungleichem zivilisatorischem Entwicklungsstand – komplexere, funktional differenzierte Systeme bestandsfähiger sind als einfachere Systeme, so daß, wenn einmal menschliche Gesellschaften entstehen, die verschiedene Funktionen erfüllen, die Tendenz aufkommt, das soziale System der Gesellschaft nach diesen Funktionen strukturell zu differenzieren, also für Religion, Wirtschaft, Erziehung, Forschung, Krankenpflege, Erholung usw. – und eben auch für Politik und Verwaltung funktional-spezifische Teilsysteme zu bilden.[160] Tatsächlich läßt sich denn auch

---

London 1954; Fredrik Barth, Political Leadership among the Swat Pathans, London-New York 1959; Ioan M. Lewis, A Pastoral Democracy. A Study of Pastoralism and Politics Among the Somali of the Horn of Africa, London-New York-Toronto 1961; Jan van Velsen, The Politics of Kinship. A Study in Social Manipulation Among the Lakeside Tonga of Nyasaland, Manchester 1964.

159 Siehe dazu den Überblick über die aktuelle, hauptsächlich amerikanische Diskussion bei Heinz Hartmann (Hrsg.), Moderne amerikanische Soziologie. Neuere Beiträge zur soziologischen Theorie, Stuttgart 1967, Einleitung S. 70 ff.

160 Vielfach wird solche funktionale Differenzierung geradezu als das Kriterium des Fortschritts genannt. Siehe z. B. Neil J. Smelser, Social Change in the Industrial Revolution. An Application of Theory to the Lancashire Cotton Industry 1770-

im Laufe der zivilisatorischen Entwicklung ein (keineswegs zielstrebiges oder kontinuierliches und mit vielen Rückentwicklungen verlaufendes) Zunehmen der gesellschaftlichen Ausdifferenzierung von politischen Systemen besonderer Art beobachten, zunächst in bezug auf einzelne Handlungen oder Situationen, dann in bezug auf bestimmte Rollen und schließlich sogar in bezug auf Verhaltensstandards wie Zwecke, Normen, Rationalitätskriterien.

Die Bedingungen der Stabilität eines solchen ausdifferenzierten politischen Systems sind theoretisch weitgehend ungeklärt, ja bisher noch kaum erfragt worden.[161] Vermutlich wird ein hohes Maß an *interner* Differenzierung des politischen Systems in Teilsysteme, vor allem eine rollen- und systemmäßige Trennung von Verwaltung, Politik und Publikum dazu gehören, ferner hohe Autonomie der internen

---

1840, London 1959; Parsons, Some Considerations on the Theory of Social Change, a. a. O. (Anm. 80); ders., Introduction to Part Two, a. a. O. (Anm. 123), S. 124; manche Beiträge in: LaPalombara, Bureaucracy and Political Development, a. a. O. (Anm. 137), insb. S. 39 ff., S. 99, S. 122 ff.; Shmuel N. Eisenstadt, Institutionalization and Change, American Sociological Review 29 (1964), S. 235-247.

161 Die Frage nach den Bedingungen stabiler *Demokratien*, die angesichts der Erfahrungen mit Entwicklungsländern in der westlich orientierten Literatur heute gestellt wird, dürfte theoretisch kaum ausreichend abstrahiert sein. Siehe dazu etwa Seymour M. Lipset, Soziologie der Demokratie, Neuwied-Berlin 1962 (dt. Übers.), oder Gabriel Almond/Sidney Verba, The Civic Culture. Political Attitudes and Democracy in Five Nations, Princeton (NJ) 1963.

Entscheidungsprozesse im Sinne einer Fähigkeit zur Selbstprogrammierung, zum Beispiel Positivierung des Rechts. Dementsprechend müssen in der *Umwelt* des politischen Systems andere Teilbereiche der Gesellschaft, vor allem Wirtschaft und Persönlichkeitsbildung, auf ein entsprechendes Leistungsniveau gebracht, also ihrerseits ausdifferenziert und funktional spezifiziert werden. Eine beträchtliche Mobilisierung der elementaren sozialen Interaktionen, eine Steigerung der Leistungen des Kommunikationswesens, eine Ausweitung des Zeithorizontes und eine Befriedigung des dadurch auftretenden Sicherheitsbedarfs, eine Entwicklung neuer Formen sozialer Kontrolle, vor allem eine Ersetzung der *impliziten* Kontrolle an Hand von *eigenen* anderen Rollen durch *explizite* Kontrollen mit Hilfe von gegenüberstehenden Rollen *anderer*, ein Reflexivwerden zahlreicher sozialer Prozesse und anderes mehr scheint erforderlich zu sein. Das kann hier im einzelnen nicht ausgeführt werden. Uns interessiert der Zusammenhang dieser Theorie evolutionärer Systemdifferenzierung mit den Aussagen über Macht, die in der Systemtheorie formuliert werden können, und dabei ergeben sich interessante Übereinstimmungen.

Wir hatten Macht ganz allgemein definiert als Generalisierung individueller Entscheidungsleistungen, als Übertragung ihres Selektionseffektes auf andere. Diese Definition steht in bezeichnender Nähe zu einem allgemeineren Problem, der Übertragung von Selektionsleistungen schlechthin, wie es auf andere

Weise auch durch Wahrheit, durch Liebe oder durch Geld gelöst werden kann. Dieser Ausgangspunkt erhellt mithin, daß die verschiedenen Übertragungsmedien, in abstrakterer Perspektive gesehen, funktional Äquivalentes leisten. Ihre Trennung versteht sich daher durchaus nicht von selbst. Sie muß als eine zivilisatorische Errungenschaft gewertet werden, die nur in dem Maße erreicht werden kann, als sich für die einzelnen Mechanismen besondere Sozialsysteme bilden. Die Ausbildung des spezifischen Machtmechanismus in der Gesellschaft hängt mit der Ausdifferenzierung eines politischen Systems zusammen.

Einfache Gesellschaften hatten eine so wenig komplexe Umwelt, daß sie mit Kommunikationsweisen weitgehend auskommen konnten, bei denen nicht spezifiziert zu werden brauchte, worauf die Übertragung der Reduktionsleistung beruhte. Es gab weder Macht, noch Wahrheit, noch Liebe, noch Geld in dem uns geläufigen spezifischen Sinne nichtkombinierbarer Medien, sondern nur sehr viel elementarere Formen der Sicherung gemeinsamer Realitätskonzeptionen.[162] Die Generalisierung von Einfluß zu Macht-Autorität-Führung aus spezifischen Gründen der Übertragung von Selektionsleistungen ist, von seiner gesellschaftlichen

---

162 Einen guten theoretischen Zugang zu diesen elementaren Realitätskonzeptionen, die natürlich auch in hochdifferenzierten Sozialordnungen weiterfungieren, erschließen auf den Grundlagen der Lebensweltsoziologie von Alfred Schütz Berger/Luckmann, The Social Construction of Reality, a. a. O. (Anm. 141).

Ermöglichung und nicht vom Einzelfall her gesehen, ein Prozeß, der mit der Ausdifferenzierung funktionsspezifischer politischer Strukturen eng verbunden ist und erst in der Bildung spezifischer Teilsysteme der Gesellschaft für Politik und Verwaltung seinen Abschluß findet.

Damit ist nicht gesagt, daß Macht nur durch dieses politische System als dessen eigene Systemmacht gebildet werden könne, daß also alle Macht politische Macht sei. Das wäre weit gefehlt und würde offenkundigen Tatsachen widersprechen.[163] Gemeint ist lediglich, daß die *gesellschaftliche Ermöglichung*[164] von Machtbildung in Systemen von der Ausdifferenzierung eines leistungsfähigen politischen Systems (im einzelnen namentlich von der Gewährleistung des Friedens und der Setzung und Durchsetzung einer Rechtsordnung) abhängt. Die *faktische Bildung* von Macht ist eine andere

---

163 Eine verbreitete Meinung der Politikwissenschaft setzt zwar Macht mit Politik und Politik mit Staat dem Bereiche nach gleich, aber von den eigenen Prämissen der Politikwissenschaft aus gesehen ist dies eine willkürliche Einschränkung – »akzidentell«, sagt mit Recht Hennis, Politik und praktische Philosophie, a. a. O. (Anm. 6), S. 16.

164 Dieser Begriff der gesellschaftlichen Ermöglichung hängt mit einer Theorie der Gesellschaft zusammen, die Gesellschaft als dasjenige Sozialsystem definiert, das die letzten Mechanismen der Reduktion von Komplexität institutionalisiert. Dazu näher Niklas Luhmann, Gesellschaft, in: Sowjetsystem und demokratische Gesellschaft: Eine vergleichende Enzyklopädie, Bd. 2, Freiburg/Br. 1969, Sp. 959-972, leicht veränderte Fassung in: Soziologische Aufklärung 1, a. a. O. (Anm. 61), S. 137-153.

Sache und kann bei steigender Komplexität der Gesellschaft gar nicht auf ein einziges Teilsystem beschränkt werden. So könnten zum Beispiel große Wirtschaftsunternehmen, Kirchen, Familien, Forschungsorganisationen usw. gar nicht System sein und ihre Funktion nicht erfüllen, würden sie nicht in mehr oder minder erheblichem (in etwa mit der Systemgröße variierenden) Umfange selbst Macht erzeugen.

Diese Macht muß indes »gezähmte« Macht sein. Sie darf sich den spezifischen Mechanismen der Reduktion von Komplexität und der Übertragung von Selektionsleistungen, die in den verschiedenen Systemen jeweils funktionalen Primat haben, nicht störend überlagern. Die Wirtschaftssysteme müssen primär mit Geld rechnen, die Kirchen primär das Dogma als Glauben tradieren, die Familien sich primär auf Liebe stützen, Organisationen der Lehre und Forschung primär der Wahrheit dienen – all dies mit erheblichem Aufwand an eigener Macht, aber ohne zu starke Interferenz durch Macht. Das wird erreicht, indem diejenigen Mechanismen der Generalisierung von Einfluß, die anderen Selektionsweisen am stärksten widerstreiten würden – das sind namentlich die Verfügung über die Mittel physischen Zwanges und über die Symbole der Legitimation »im Namen des Ganzen« –, anderen Systemen entzogen, im politischen System zusammengefaßt und dort zur Verfügung gehalten werden.[165] Es

165 Bezeichnenderweise, und das bestätigt unsere These, geht dieser Entzug inkompatibler Mittel denn auch nur so weit

ist mithin nicht nur die Gewährleistung von Frieden und Rechtsschutz, die das politische System durch seine machtverstärkte Entscheidungsfähigkeit leistet,[166] sondern gleich wichtig die Entlastung anderer Systeme von bestimmten machtbildenden Mechanismen, die deren funktionale Spezialisierung behindern würden.

Das aber bedeutet nicht Entzug und Konzentration aller Macht schlechthin als auch nur denkbar oder wünschenswert, sondern impliziert umgekehrt einen Verzicht auf Politisierung aller gesellschaftlichen Macht.

Die gesellschaftliche Ermöglichung von Macht muß, mit anderen Worten, eine Form annehmen, die mit funktional-struktureller Differenzierung vereinbar ist. Nur wenn solche Vereinbarkeit gewährleistet ist, läßt sich Macht in der Gesellschaft trotz Systemdifferenzierung und durch Systemdifferenzierung in einem für frühere Zeiten und Vorstellungen unfaßbaren Maße steigern und überall, wo andere Mittel versagen, zur Übertragung von Selektionsleistungen verwenden.

---

wie nötig. Den Kirchen bleibt in hohem Umfange die Möglichkeit, ihrem Glauben gemäß Gemeinwohl zu interpretieren. Der Familie werden physische Zwangsmittel belassen, soweit sie mit Liebe gehandhabt werden können. In beiden Hinsichten ist das oft proklamierte »Monopol« des Staates unvollständig durchgeführt, weil eben nicht die allbeherrschende Kontrolle dieser Mittel, sondern ihr Abzug aus der Gesellschaft die entscheidende Funktion erfüllt.

166 Darauf stellt mit der gesamten Tradition der politischen Philosophie auch Max Weber noch ab. Siehe z. B. Max Weber, Rechtssoziologie, Neuwied 1960.

Nicht die Monopolisierung und zentrale Kontrolle aller Macht, sondern die Ausdifferenzierung spezifischer Grundlagen der Einflußgeneralisierung ist die gesellschaftliche Leistung des politischen Systems.

Diese Überlegungen geben eine Möglichkeit, den Zusammenhang der gesellschaftlichen *Funktion* des politischen Systems mit der politischen *Macht* als entsprechendem Selektionsmechanismus zu klären. Das politische System dient speziell dazu, die Entscheidungsfähigkeit der Gesellschaft zu stärken. Es hat die Funktion, für Probleme, die anders nicht lösbar sind, relativ schnell Lösungen zu bestimmen, die kollektiv verbindlich sind.[167] Für diese Funktion sind, und zwar in gesteigerter, konzentrierter Form, bestimmte, zeitsparende, inhaltlich relativ variable (unprogrammierbare), sozial sichere Formen der Generalisierung von Einfluß erforderlich, nämlich die unbedingte Überlegenheit physischer Zwangsmittel und die fraglose (nur in Ausnahmefällen umstrittene) Hinnahme der Entscheidungen als legitim.[168] Diese Leistung ist

---

167 Fast in allen Theorien des politischen Systems taucht dieser Gedanke der bindenden Entscheidung auf, wird aber zumeist als zu formal empfunden (weil schließlich alle Systeme entscheiden müssen) und mit weiteren Bestimmungen versehen, die dann voneinander abweichen, siehe oben, Anm. 101. Mir würde es als ausreichend erscheinen, den Begriff der »bindenden Entscheidung« dahin zu präzisieren, daß der Bindungseffekt sich im Falle des politischen Systems nicht nur auf das System selbst, sondern auch auf seine gesellschaftliche Umwelt erstreckt.

168 Aus diesem theoretischen Bezugsrahmen läßt sich die Ent-

nur erreichbar durch Ausdifferenzierung spezifischer Mittel der Einflußgeneralisierung – und nicht durch diffusen Gebrauch möglichst vieler nebeneinander.[169] Der Gegenaspekt solcher Spezifizierung ist die Begrenzung des politischen Systems, das sie trägt, und das Akzeptieren andersartiger Systembildungen außerhalb des politischen Systems.[170] Die Steigerung der Effektivität politisch-administrativer Entscheidungsmacht muß durch Verzicht auf die Politisierung der gesamten Gesellschaft erkauft werden.[171] Die Spezifizierung politischer Macht ist durch Ausdifferenzierung und Abgrenzung des politischen Systems bedingt.

Ein ähnlicher Zusammenhang von Macht und System läßt sich feststellen, wenn man auf die Innendif-

---

wicklung des neuzeitlichen Nationalstaates gut interpretieren. Vgl. dazu die konkreter, historisch-vergleichend ansetzenden Analysen von Bendix, Nation-Building and Citizenship, a. a. O. (Anm. 125).

169 In etwas anderem Sinne und im engeren Rahmen der Organisationswissenschaft hat auch Golembiewski, Authority as a Problem in Overlays, a. a. O. (Anm. 89), in den Diskrepanzen zwischen verschiedenen Einflußgrundlagen ein Problem gesehen. Vgl. ferner Amitai Etzioni, A Comparative Analysis of Complex Organizations. On Power, Involvement, and their Correlates, New York (NY) 1961.

170 Diese These ist in einer bestimmten Hinsicht weiter ausgearbeitet in: Luhmann, Grundrechte als Institution, a. a. O. (Anm. 62).

171 Vor diesem Problem stehen heute namentlich Gesellschaften, die den Versuch unternehmen, sich durch eine einheitliche Ideologie politisch zu integrieren, und deshalb eine relative Autonomie nichtpolitischer Systeme prinzipiell nicht zulassen wollen.

ferenzierung politischer Systeme achtet. Je stärker ein politisches System aus der Gesellschaft ausdifferenziert wird, um so größer wird sein Entscheidungsspielraum. Seine Autonomie steigt und damit auch die Komplexität der Möglichkeiten, die es zur Entscheidung bringen muß. Entsprechend wachsen die Anforderungen an die Entscheidungskraft des Systems und an seine interne Organisation. Bei der Bewältigung dieser Anforderungen scheint sich vor allem eine funktionale Differenzierung von Politik und Verwaltung zu bewähren. Das politische System trennt diese beiden Funktionsbereiche nicht nur situations- und handlungsmäßig,[172] sondern in groben Zügen auch nach Rollen und nach Normen und Zwecken als permanent arbeitende Teilsysteme,[173] Politik dient dem Aufbau von Entscheidungsgrundlagen, der Absorption von Forderungen, der Bildung

172 Eine solche situationsmäßige Differenzierung von Politik und Verwaltung läßt sich bis in die einfachsten Gesellschaften zurückverfolgen; sie setzt keine Ausdifferenzierung eines politischen Systems voraus. Vgl. dazu Smith, On Segmentary Lineage Systems, a. a. O. (Anm. 130).

173 Bezeichnenderweise fällt eine solche Trennung von Politik und Verwaltung denjenigen Gesellschaften schwer, die eine unbedingte politisch-ideologische Kontrolle der gesellschaftlichen Entwicklung anstreben und ihr politisches System deshalb nicht hinreichend ausdifferenzieren können. Wenn die gesamte Gesellschaft ideologisch politisiert wird, ist natürlich auch eine politisch neutrale Verwaltung undenkbar. Immerhin kehren auch Gesellschaften dieses Typs nicht zur alten politischen Form einer einheitlichen Hierarchie zurück, sondern unterscheiden Partei und Staatsverwaltung organisatorisch und rollenmäßig.

von Konsens für Entscheidungsprogramme. Verwaltung dient der Sicherung konsistenten (zum Beispiel wirtschaftlichen, rechtlich richtigen) Entscheidens. Das kann hier im einzelnen nicht ausgeführt werden.[174] Auf eines muß jedoch hingewiesen werden: daß die Systemdifferenzierung nach Politik und Verwaltung mit einer entsprechenden Differenzierung der Prämissen verbunden ist, nach denen im politischen System Macht ausgeübt werden kann. Die Politik läßt sich in ihrem äußeren Rahmen nach dem Prinzip konstanter Machtsummen, die Verwaltung läßt sich in ihrem äußeren Rahmen nach dem Transitivitätsprinzip organisieren.

Voraussetzung für solch ein Inkraftsetzen dieser klassischen Prämissen ist die Spezifizierung, Perpetuierung und Begrenzung politischer Macht durch Ausdifferenzierung eines politischen Systems. Dadurch wird es möglich, im politischen System bestimmte Rollen als »Stellen« zu definieren, das heißt: als Gesichtspunkte für die Variation von Personal, Programmen, Kompetenzen und sonstigen Ausstattungen.[175] Diese Stellen ermöglichen ein Konstantsetzen von (formaler) Macht im Sinne von Kompetenz zu legitimem Entscheiden. Der politische Kampf wird dann

---

174 Etwas ausführlicher hierzu: Niklas Luhmann, Politische Planung. Jahrbuch für Sozialwissenschaften 17 (1966), S. 271-296, neu gedruckt in: ders. Politische Planung, a. a. O. (Anm. 117), S. 66-89.

175 Zu diesem Stellenbegriff näher Luhmann, Funktionen und Folgen formaler Organisation, a. a. O. (Anm. 84), S. 141 ff.

um die Besetzung dieser Stellen geführt.[176] Im Gewinn der Stellen und im Gewinn der dazu nötigen Wählerstimmen hat die Politik ein Formalziel, im Hinblick auf welches die Parteien ihre sachpolitischen Entscheidungen rationalisieren können: Sie können versuchen, aus einer begrenzten Summe von Macht mehr für sich zu gewinnen, um in der formalisierten Konfliktsentscheidung, der Abstimmung, zu siegen, und sie können an ihren Erfolgen die Eignung ihrer Mittel, vor allem die Qualität ihrer politischen Programme, beurteilen und korrigieren. Die Funktion der Politik, Entscheidungsgrundlagen aufzubauen, wird dabei latent miterfüllt.

Auf seiten der Verwaltung dient dieselbe Struktur von Stellen dazu, eine hierarchisch-transitive Ordnung von Entscheidungskompetenzen einzurichten. Die Kompetenzen werden so abgestuft, daß die »höheren« den »niedrigeren« vorgehen und deren Entscheidungen programmieren und aufheben oder abändern können. Wir wissen, daß diese formale Ordnung der Kompetenzen keine unmittelbaren Rückschlüsse auf die wirkliche Machtlage erlaubt – ebensowenig wie die Verteilung der Wählerstimmen und Parlamentssitze. Ebenso sicher ist jedoch, daß keine Machtstrategie diese Strukturen einfach ignorieren kann, sondern sie stets einbeziehen muß. Machtsummenkonstanz und Transitivität sind keine Naturgesetze und keine ad-

---

176 Vgl. namentlich Joseph A. Schumpeter, Kapitalismus, Sozialismus und Demokratie, Bern 1946 (dt. Übers.), S. 427 ff.; Anthony Downs, An Economic Theory of Democracy, New York (NY) 1957.

äquaten Beschreibungen wirklichen Machtverhaltens; wohl aber können sie als Systemstrukturen institutionalisiert werden und dann dem faktischen Verhalten bestimmte Orientierungsbedingungen aufprägen.

Dabei ist das Wichtigste, daß mit Hilfe dieser Strukturen Politik und Verwaltung funktional differenziert und zugleich verbunden werden können. Für beide Teilsysteme werden je andere Prämissen der Machtausübung festgelegt. Die Politik ist als geregelter Kampf um Machtquanten strukturiert. In diesem Kampf werden die Entscheidungsgrundlagen abgeklärt, die Erfolg versprechen. Dabei ist durch die Quantifikation sichergestellt, daß in jedem Falle eindeutige Entscheidungen zustande kommen: Eine Stimme kann nur eindeutig abgegeben oder nicht abgegeben werden, eine Stelle nur eindeutig besetzt oder nicht besetzt sein. Auf diese Weise wird zugleich die Entscheidungsfähigkeit der Verwaltung gewährleistet. Die Spitze ihrer Hierarchie ist immer besetzt, und zwar in einer Weise, die politisch Erfolg verspricht und daher die Bürokratie davon entlasten kann, sich selbst mit Politik zu befassen und selbst Vorsorge zu treffen für die bereitwillige Annahme ihrer Entscheidungen. Nur so kann die Bürokratie durch Rollentrennung aus der Gesellschaft herausgelöst und zur Ausarbeitung »objektiver« Entscheidungen nach allgemeingültigen Kriterien freigestellt werden.[177]

---

177 Strukturvorgabe durch politische Herrschaft und Rollentrennung im Verhältnis zur Gesellschaft sind denn auch die

Solange man von der klassischen Machttheorie ausging, mußte all dies mit einer gewissen Selbstverständlichkeit hingenommen werden. Orientierung an der Durchsetzung im Konfliktsfall, Summenkonstanz, Transitivität und Übertragbarkeit galten in der klassischen Theorie der Demokratie als Natur der Macht. Was sich auf diese Weise von selbst verstand, brauchte nicht problematisiert zu werden. Die Abweichungen der Wirklichkeit fielen als Mißstände auf. Auf diese Weise war aber nicht herauszubekommen, wie kompliziert, soziologisch gesehen, die Voraussetzungen einer stabilen Ausdifferenzierung und Innendifferenzierung politischer Systeme sind. Die Prämissen der klassischen Machttheorie müssen in der gesellschaftlichen Wirklichkeit erst geschaffen werden, und dies nur für bestimmte, angebbare Funktionen im politischen System. Um diesen funktionalen Kontext zu klären, müssen Systemtheorie und Machttheorie zusammenarbeiten, zunächst also konsistent formuliert werden.

Diese Konsistenz ist für die Systemtheorie, zumindest für die dieser Studie zugrunde liegende Variante einer System/Umwelt-Theorie, erreichbar. Das Problem ist nicht, daß die Systemtheorie notwendig »machtblind« wäre. Ihr Machtbegriff ist jedoch sehr viel komplexer als der der klassischen Machttheorie.

---

beiden Variablen, auf denen Max Webers »Idealtypus der Bürokratie« aufbaut. Vgl. Weber, Wirtschaft und Gesellschaft, a.a.O. (Anm. 14), S. 551 ff., S. 825 ff.

Das hat seine Vorteile und seine Nachteile. Die Systemtheorie kann mehr und kann schwierigere Probleme formulieren als die klassische Theorie. Es wird ihr weniger leichtfallen, für ihre Probleme Lösungen zu finden.

Editorische Notiz

Mit dem Thema der sozialen Macht hat Niklas Luhmann sich in jeder Phase seiner soziologischen Arbeit befaßt. Die ersten publizierten Überlegungen dazu finden sich in den organisationssoziologischen Beiträgen der sechziger Jahre, die ihn bekannt machten,[1] die letzten stehen in einem Buch über das politische System der modernen Gesellschaft, das aus den letzten Lebensjahren des Autors stammt und erst nach seinem Tod publiziert wurde.[2] Dank dieser Kontinuität des Interesses gibt es nicht nur eine einzige zusammenhängende Darstellung der systemtheoretischen Auffassung von Macht, sondern mehrere. Hält man sie nebeneinander, beeindruckt das hohe Maß an sachlicher Übereinstimmung. Das betrifft sicher nicht die Themen dieser Machttheorie, die reichhaltig sind und mit den Anlässen der Präsentation wechseln. Wohl aber betrifft es ihre eigenen Grundbegriffe, die spätestens seit Beginn der siebziger Jahre festliegen und seither nicht mehr nennenswert variiert werden. Auch die autopoietische Umgründung der Systemtheorie hat deren Auffassungen über Macht nicht geändert.

Solche Invarianten, von denen es bei Luhmann eine ganze Reihe gibt, lassen übrigens erkennen, wie wenig integriert diese Theorie ist. Wenn nicht einmal der Eingriff in

---

1 So vor allem in Funktionen und Folgen formaler Organisation, Berlin 1964, S. 123 ff.

2 Siehe dazu: Die Politik der Gesellschaft, Frankfurt/M. 2002, S. 18-69.

ihre vermeintlichen Fundamente ausreicht, ihren Thesenbestand radikal zu modifizieren, dann handelt es sich jedenfalls nicht um einen deduktiv geschlossenen Denkzusammenhang; und es ist ja auch eine Einsicht der Systemtheorie selbst, daß Änderungen nur in einem lose integrierten System überhaupt möglich sind.

Dank dieser Invarianz konnte man immer schon zwischen mehreren Versionen der Machttheorie wählen, und selbst vergleichsweise frühe Darstellungen konnten noch Jahrzehnte später als ein für die Auffassungen des Autors verbindlicher Text zitiert werden, übrigens auch und gerade von Luhmann selbst. Bisher galt das vor allem für den schmalen Band *Macht* aus dem Jahre 1975, der im Stuttgarter Enke Verlag vorliegt. Dort wird die Machttheorie in der Sprache einer allgemeiner angesetzten Theorie symbolischer Kommunikationsmedien expliziert, über die Luhmann damals erst seit einigen Jahren voll verfügte.

Unterdessen ist im Nachlaß des 1998 verstorbenen Soziologen ein weiteres Manuskript aufgetaucht, das aus den späten sechziger Jahren stammt und gleichfalls eine systematisch anspruchsvolle Darstellung der Machttheorie bietet. Auch dieser Text, der hier nun zum ersten Mal publiziert wird, ist reich an eigenen Themen, Einsichten, Fragestellungen, und auch wer die dargestellte Theorie bereits kennt, wird ihn mit zusätzlichem Gewinn lesen. Ich denke hier etwa an die Ausführungen über das Reflexivwerden von Machtprozessen, an den Versuch, Unterschiede an Konfliktabhängigkeit verschiedener Machtquellen mit gesellschaftlichen Differenzierungsformen zu korrelieren, und schließlich an die Diskussion der Frage, ob und unter welchen Umständen eine systemintern garantierte Macht auch in Außenkontakten zu anderen Systemen als Macht verwendbar ist.[3] In all diesen Punkten geht der Text über bisher Bekanntes hinaus. Für die breite und gründlich geführte Auseinandersetzung mit der von Luhmann so genannten »klassischen Theorie der Macht« gilt das nur mit Einschränkungen, da es Teile davon auch als Aufsatzpublikation gibt.[4]

Aber was ist von der grundbegrifflichen Ausstattung des Textes zu halten? Die Antwort führt uns auf einen weiteren Fall von loser Kopplung im Theoriebereich. Einerseits fehlt von den tragenden Teilen der späteren Machttheorie kein einziger; andererseits wird die Theorie der Kommunikationsmedien in diesem Text nur sehr auszugsweise genutzt. So fehlt zum Beispiel die attributionstheoretische Definition der Einzelmedien und so auch der Macht, es fehlt die davon abhängige Kreuztabelle, und aus der Reihe der vergleichenden Begriffe ist hier eigentlich nur »Reflexivität« ganz präsent. Das dürfte dem Stand der damaligen Ausarbeitung dieser allgemeineren Theoriekomponenten entsprochen haben.

Mit dieser Lage der Dinge war Luhmann offenbar unzufrieden. Dafür spricht neben dem negativen Publikationsschicksal des Textes auch noch ein weiterer Umstand: In einem gleichzeitig verfolgten Buchprojekt zur politischen Soziologie kündigt er ein Schlußkapitel über Machtfragen

---

3 Macht als Medium der Verbindung verschiedener und verschiedenartiger Sozialsysteme: Es ist diese sozialtheoretisch breite Fassung des Machtbegriffs, die im Zuge der Ausarbeitung der auf Gesellschaft gerichteten Medientheorie immer weiter zurücktritt – bei Niklas Luhmann, Organisation und Entscheidung, Opladen 2000, sogar so weit, daß der Machtbegriff für Zwecke der Organisationssoziologie abgelehnt wird.

4 Vgl. Klassische Theorie der Macht: Kritik ihrer Prämissen, in: Zeitschrift für Politik 16 (1969), S. 149-170.

an, das dann aber anscheinend ungeschrieben blieb.[5] Dabei hätte es doch nahegelegen, zumindest den grundbegrifflichen Gehalt des kurzen Machttextes in das längere Politikbuch zu integrieren, und angesichts des Zustandes der Machttheorie mag man sich fragen, warum Luhmann dann auch den längeren Buchtext ungedruckt ließ. Erlaubt sei die Spekulation, daß es in erster Linie die damals noch offenen Probleme der Medientheorie waren, die ihn von einer zu frühen Selbstfestlegung durch Publikation absehen ließen.

Einen ersten Hinweis auf die Existenz des Manuskriptes verdanke ich Otthein Rammstedt, dem Luhmann es gegen Ende der sechziger Jahre zur Lektüre überlassen hatte, vermutlich im Zusammenhang mit jener Übung zur Theorie der Macht an der Universität Münster, auf die auch der schon vorliegende Aufsatz aus dem Jahre 1969 verweist. Weiterer Dank gebührt Veronika Luhmann-Schröder, bei der die Rechte liegen und die dem Publikationsprojekt zustimmte, sowie Eva Gilmer vom Suhrkamp Verlag, die es begleitet hat.

Bielefeld, im Februar 2012 André Kieserling

5 Auch dieses Buch ist inzwischen erschienen: Politische Soziologie, Berlin 2010.

Niklas Luhmann
im Suhrkamp Verlag
Eine Auswahl

Ausdifferenzierung des Rechts. Beiträge zur Rechtssoziologie und Rechtstheorie. stw 1418. 459 Seiten

Das Erziehungssystem der Gesellschaft. Herausgegeben von Dieter Lenzen. Mit zahlreichen Faksimiles des Manuskripts. stw 1593. 236 Seiten

Funktion der Religion. stw 407. 324 Seiten

Die Gesellschaft der Gesellschaft. Zwei Bände. stw 1360. 1164 Seiten

Gesellschaftsstruktur und Semantik. Studien zur Wissenssoziologie der modernen Gesellschaft.
- Band 1. stw 1091. 319 Seiten
- Band 2. stw 1092. 294 Seiten
- Band 3. stw 1093. 458 Seiten
- Band 4. stw 1438. 185 Seiten

Die Kunst der Gesellschaft. stw 1303. 517 Seiten

Legitimation durch Verfahren. stw 443. 261 Seiten

Liebe als Passion. Zur Codierung von Intimität. stw 1124. 231 Seiten

Macht im System. Herausgegeben von André Kieserling. Gebunden. 156 Seiten

Die Politik der Gesellschaft. Herausgegeben von André Kieserling. stw 1582. 444 Seiten

NF 126a/1/8.12

Politische Soziologie. Herausgegeben von André Kieserling. Gebunden. 499 Seiten

Protest. Systemtheorie und soziale Bewegungen. Herausgegeben von Kai-Uwe Hellmann. stw 1256. 216 Seiten

Das Recht der Gesellschaft. stw 1183. 598 Seiten

Die Religion der Gesellschaft. Herausgegeben von André Kieserling. stw 1581. 368 Seiten

Schriften zur Pädagogik. Herausgegeben und mit einem Vorwort von Dieter Lenzen. stw 1697. 278 Seiten

Soziale Systeme. Grundriß einer allgemeinen Theorie. stw 666. 675 Seiten

Theorie der Gesellschaft. Neun Bände in Kassette. 5100 Seiten

Die Wirtschaft der Gesellschaft. stw 1152. 356 Seiten

Die Wissenschaft der Gesellschaft. stw 1001. 732 Seiten

Zweckbegriff und Systemrationalität. Über die Funktion von Zwecken in sozialen Systemen. stw 12. 390 Seiten

Niklas Luhmann/Peter Fuchs. Reden und Schweigen. stw 848. 227 Seiten

Niklas Luhmann/Karl Eberhard Schorr. Reflexionsprobleme im Erziehungssystem. stw 740. 390 Seiten

NF 126a/2/8.12

Niklas Luhmann als Herausgeber

Niklas Luhmann/Stephan H. Pfürtner. Theorietechnik und Moral. stw 206. 267 Seiten

Niklas Luhmann/Karl Eberhard Schorr. Zwischen Intransparenz und Verstehen. Fragen an die Pädagogik. stw 572. 325 Seiten

Zu Niklas Luhmann

Beobachter der Moderne. Niklas Luhmanns »Die Gesellschaft der Gesellschaft«. Herausgegeben von Hans-Joachim Giegel und Uwe Schimank. stw 1612. 343 Seiten

GLU. Glossar zu Niklas Luhmanns Theorie sozialer Systeme. Von Claudio Baraldi, Giancarlo Corsi und Elena Esposito. stw 1226. 248 Seiten

Irritationen des Erziehungssystems. Pädagogische Resonanzen auf Niklas Luhmann. Herausgegeben von Dieter Lenzen. stw 1657. 235 Seiten

Luhmann und die Kulturtheorie. Herausgegeben von Günter Burkart und Gunter Runkel. stw 1725. 289 Seiten

Rezeption und Reflexion. Zur Resonanz der Systemtheorie Niklas Luhmanns außerhalb der Soziologie. Herausgegeben von Henk de Berg und Johannes F. K. Schmidt. stw 1501. 514 Seiten

Theorie der Politik. Niklas Luhmanns politische Soziologie. Herausgegeben von Kai-Uwe Hellmann und Rainer Schmalz-Bruns. stw 1583. 320 Seiten

NF 126a/3/8.12